Aktienstrafrecht

Kommentar

zu den §§ 288—304 des Aktiengesetzes

Sonderabdruck aus:

Großkommentar zum Aktiengesetz

bearbeitet von Gadow, Heinichen, Eberh. Schmidt,

W. Schmidt, Weipert

Von

Dr. Eberhard Schmidt

Professor in Leipzig

Berlin 1940

Walter de Gruyter & Co

vormals G. J. Göschen'sche Verlagshandlung · J. Guttentag, Verlagsbuchhandlung

Georg Reimer · Karl J. Trübner · Veit & Comp.

Archiv-Nr. 22 20 40

Vorbemerkung

Der folgende Sonderabdruck meiner Kommentierung der §§ 288—304 des Aktiengesetzes bringt meinen Beitrag zum Großkommentar zum Aktiengesetz in unveränderter Gestalt. Die seit dem Erscheinen des Kommentars (1939) ergangene Rechtsprechung nachzutragen, ist mir schon deshalb nicht möglich gewesen, weil ich seit Kriegsbeginn im Heeresdienst stehe. Ich hoffe aber, daß auch in unveränderter Gestalt der Sonderabdruck namentlich wegen der großen Bedeutung der aktienrechtlichen Untreue-Bestimmung allen denen erwünscht sein wird, die in erster Linie mit strafrechtlichem Interesse an die hier erörterten Bestimmungen herangehen.

z. Z. Dresden, den 22. August 1940

Eberhard Schmidt

Viertes Buch

Aktiengesellschaft und Staat. Strafvorschriften

Erster Teil

Aktiengesellschaft und Staat

§ 288

§ 288

Wahrung des Gemeinwohls durch den Staat

(1) Gefährdet eine Aktiengesellschaft oder eine Kommanditgesellschaft auf Aktien das Gemeinwohl, namentlich durch ein Verhalten ihrer Verwaltungsträger, das gröblich gegen das Gesetz oder gegen die Grundsätze verantwortungsbewußter Wirtschaftsführung verstößt, so kann das Reichswirtschaftsgericht auf Antrag des Reichswirtschaftsministers die Gesellschaft auflösen. Der Reichswirtschaftsminister stellt den Antrag im Einvernehmen mit dem Reichsminister der Justiz und den sonst beteiligten Reichsministern.

(2) Nach der Auflösung findet die Abwicklung nach den §§ 205 bis 214 statt, wenn das Reichswirtschaftsgericht nichts anderes bestimmt.

Anm. 1. A. I. Nach bisherigem Recht ist es streitig gewesen, ob der AG. gemäß §§ 43, 44 BGB. die Rechtsfähigkeit entzogen werden kann, was naturgemäß ihre Auflösung bedeutet. Die wohl herrschende und richtige Meinung (vgl. v. Godin-Wilhelmi § 288 I; abw. Schlegelberger § 1 Anm. 3) hat die Anwendbarkeit der vereinsrechtlichen Bestimmungen abgelehnt. Wohl aber hat eine Auflösung auf Grund landesrechtlicher Normen erfolgen können, so nach Art. 4 Preuß. AGHGB. bei rechtswidrigen Handlungen oder Unterlassungen, durch die das Gemeinwohl gefährdet wird. Vgl. Baumbach § 288 Note 1, Schlegelberger § 288 Note 1, v. Godin-Wilhelmi § 288 I.

Anm. 2. II. Nunmehr regelt § 288 die Frage der Auflösungsmöglichkeit. Die oben erwähnte Streitfrage ist damit erledigt. Neben § 288 bleiben die Auflösungsmöglichkeiten bestehen, die sich aus den §§ 6, 7 des Reichsges. über das Kreditwesen vom 5. Dez. 1934 (RGBl. I S. 1203) für Kreditinstitute, aus den §§ 3ff. des Reichsges. gegen Mißbrauch des bargeldlosen Zahlungsverkehrs vom 3. Juli 1934 (RGBl. I S. 593) für die dort in § 1 bezeichneten Unternehmungen, aus § 87 Abs. 4 des Versicherungsaufsichtsgesetzes für die Versicherungsvereine auf Gegenseitigkeit ergeben.

Anm. 3. III. Zwischen Auflösung einerseits, Untersagung des Geschäfts- oder Gewerbebetriebs andererseits ist zu unterscheiden. Die letztere betrifft für sich allein den rechtlichen Bestand der AG. nicht. Baumbach § 288 Note 1. Vorschriften über die Untersagung des Gewerbebetriebes (vgl. z. B. § 12 Gaststättengesetz vom 28. April 1930) werden also durch § 288 nicht berührt.

Anm. 4. IV. § 288 bezieht sich auf Aktiengesellschaften und auf Kommanditgesellschaften auf Aktien. Für sie regelt er, soweit nicht Sondernormen (oben II) eingreifen, die Frage der Auflösung erschöpfend. Einer besonderen staatlichen Aufsicht sind die Aktiengesellschaften und die Kommanditgesellschaften auf Aktien im übrigen nicht unterstellt. Auch das neue Recht kennt weder eine Konzessionspflicht noch staatliche Aufsichtsämter über das Aktienwesen noch eine Mitwirkung staatlicher Kommissare bei der Tätigkeit des Aufsichtsrats oder der Hauptversammlung (vgl. dazu Paul Fischer, Die Aktiengesellschaft in der nationalsozialistischen Wirtschaft 1936, S. 139ff.). Auch das Registergericht ist nach dem neuen Aktienrecht nicht als Aufsichts- oder Überwachungsinstanz gedacht (Teichmann-Koehler S. 440). Die besonderen Verhältnisse der Versicherungsunternehmungen und der Bausparkassen bleiben unberührt. Vgl. das Ges. über die Beaufsichtigung der privaten Versicherungsunternehmungen und Bausparkassen vom 6. Juni 1931. § 288

B. § 288 **gestattet die Auflösung, wenn die Gesellschaft das Gemeinwohl gefährdet.** **Anm. 5.**

I. Was unter **Gefährdung des Gemeinwohls** zu verstehen ist, wird in § 288 nicht im Einzelnen bestimmt. Lediglich als **Beispiel** für eine Gemeinwohlgefährdung wird der Fall herausgehoben, daß **Verwaltungsträger** (also: Vorstand, Aufsichtsrat oder Hauptversammlung der Gesellschaft, §§ 70, 86, 102; nicht auch Beirat, § 128 Ziff. 7, Verwaltungsrat, Regionalausschuß und andere derartige Nebenorgane; vgl. Baumbach Note 1 vor § 70, Schlegelberger § 96 Note 41; nicht auch die Abschlußprüfer der §§ 135ff., die v. Godin-Wilhelmi § 70 I zu Unrecht unter die „notwendigen Organe", also die Verwaltungsträger rechnen) **durch ihr Verhalten gröblich gegen das Gesetz oder gegen die Grundsätze verantwortungsbewußter Wirtschaftsführung verstoßen.** **Anm. 6.**

1) Indem § 288 neben den Verstößen gegen das „Gesetz" die Verstöße gegen die „Grundsätze verantwortungsbewußter Wirtschaftsführung" erwähnt, bekennt er sich deutlich zu einer materiellen Rechtsauffassung. Es sollen in diesem Zusammenhange also nicht nur die im Gesetz inhaltlich ausdrücklich festgelegten Pflichten der Verwaltungsträger von Bedeutung sein, vielmehr auch diejenigen Pflichten, die sich aus der heute herrschenden Wirtschaftsauffassung und -ethik überhaupt ergeben. Da diese Pflichten übrigens in allgemeinster Fassung von § 70 Abs. 1 erwähnt und damit auch zu „gesetzlichen" gemacht werden, so wird für die Erfassung der Bedeutung des § 288 nicht viel gewonnen, wenn man mit v. Godin-Wilhelmi § 288 I, II 1 und Schlegelberger § 288 Note 3 die „Gesetzesverstöße" zu den „Verstößen gegen die Wirtschaftsführungsgrundsätze" in einen betonten Gegensatz stellt und als das Wesentliche dieser Stelle den Satz herausstellt, § 288 gewähre die Möglichkeit einer Auflösung, „ohne daß ein gesetzwidriges Verhalten erforderlich wäre" (so v. Godin-Wilhelmi § 288 I). Das Gesetz steht nach heutiger Anschauung in einem dienenden Verhältnis zum Recht als eines seiner wichtigsten Erkenntnismittel; das Recht aber wird auf allen Lebensgebieten inhaltlich von den sittlichen und kulturellen Anschauungen mit geformt, und das ist es, worauf für die hier interessierenden Fragen § 288 ausdrücklich hinweist. § 288 setzt hiernach voraus, daß gröbliche Verstöße gegen das Wirtschaftsrecht in diesem materiellen Sinne vorliegen. Daraus folgt von selbst, daß, soweit es sich um gesetzlich faßbare Verstöße handelt, nicht nur solche gegen das Aktiengesetz in Betracht kommen (Schlegelberger § 288 Note 3). Sehr bedeutsam können Verstöße gegen das Ges. zur Ordnung der nationalen Arbeit vom 20. Januar 1934 sein; die Vorstandsmitglieder sind nach § 3 Abs. 1 dieses Ges. Betriebsführer mit allen daraus sich ergebenden Pflichten (vgl. §§ 35, 36); sehr wichtig können die Devisen- und die Steuergesetze sein wie alle sonstigen Regelungen des Wirtschaftslebens (Vierjahresplan, Rohstoffbewirtschaftung usw.). Vor allem ist auch an strafrechtliche Verstöße zu denken; vgl. etwa StGB. § 92a (Nichterfüllung von Lieferungsverträgen in Zeiten kriegerischer Gefahr oder gemeiner Not). **Anm. 7.**

2) Nicht jeder Verstoß materiell-wirtschaftsrechtlicher Art rechtfertigt die Auflösung der Gesellschaft; vielmehr verlangt das Gesetz **Anm. 8.**

a) 1. einen **gröblichen Verstoß**; die „Gröblichkeit" kann sich aus der intensiven, weittragenden wirtschaftlichen oder sozialpolitischen Bedeutung des Verstoßes, wie aus der ganz besonderen Wichtigkeit und Grundsätzlichkeit der verletzten wirtschaftsrechtlichen Norm ergeben. Ein Verschulden des Verwaltungsträgers im strengen strafrechtlichen Sinne wird dabei zwar nicht verlangt werden dürfen (richtig Schlegelberger § 288 Note 3); aber reine Zufallsfolgen werden bei der Frage nach der Zulässigkeit der Auflösung nicht mit ins Gewicht fallen dürfen. Jedenfalls zeigt das vom Gesetz hervorgehobene Moment der „Gröblichkeit", daß nur schwerwiegende Gründe die Auflösung rechtfertigen können. **Anm. 9.**

§ 288 Anm. 10. b) 2. daß als Wirkung des Verstoßes eine **Gefährdung des Gemeinwohls** nachweisbar sein muß. Das Gemeinwohl ist gefährdet, wenn eine Schädigung erheblicher Interessen der Volksgemeinschaft erwartet werden muß. Es ist hierbei immer vom Standpunkt der Volksgemeinschaft als solcher zu urteilen und zu werten. Durch bloße Summierung von Einzelinteressen wird nie ein Gemeinschaftsinteresse gewonnen; daher ist es nicht zu billigen, wenn v. Godin-Wilhelmi § 288 II 1 unter Gemeinwohl „auch die Gesamtheit der Einzelinteressen der einzelnen Volksgenossen verstehen". Diese Auffassung führt durchaus zu falscher Bewertungsmethode und zu unrichtigen Wertmaßen.

Anm. 11. 3) Verstöße von Verwaltungsträgern, wie sie oben unter 2) geschildert sind, stellen — vgl. unter I vor 1) — nur ein gesetzliches Beispiel von Auflösungsgründen dar. Die Auflösung könnte, worauf Schlegelberger § 288 Note 3 richtig hingewiesen hat, auch durch das Bestehen der Gesellschaft, insbesondere auch durch den Gegenstand ihres Unternehmens, gerechtfertigt werden. In Betracht könnte auch die Abhängigkeit von Konzernen, namentlich ausländisch geleiteten, kommen. Freilich werden im Hinblick auf das strenger gewordene sachliche Prüfungsrecht des Registerrichters (vgl. dazu oben die Erläuterungen zu § 31) Anlässe zur Auflösung nur im Hinblick auf Existenz und Unternehmensgegenstand der Gesellschaft wohl sehr selten sein.

Anm. 12. 4) Der Auflösungsanlaß (Gefährdung des Gemeinwohls) muß in dem Zeitpunkt vorliegen, wo das Reichswirtschaftsgericht auf Antrag des Reichswirtschaftsministers einschreiten soll. Ist der Anlaß bis dahin beseitigt, so entfällt die Auflösungsmöglichkeit. Wenn also z. B. der Vorstand in einer das Gemeinwohl gefährdenden Weise gegen § 36 Ziff. 1 des Ges. zur Ordnung der nationalen Arbeit verstoßen hat, daraufhin aber gemäß § 75 Abs. 3 vom Aufsichtsrat die Bestellung widerrufen und ein neuer, einwandfrei arbeitender Vorstand bestellt worden ist, so besteht ein Auflösungsanlaß nicht mehr. Die Auflösung ist nicht Strafe für ein das Gemeinwohl gefährdendes Verhalten, sondern eine die Beseitigung der Gefährdung bewirkende, die Existenz dieser Gefährdung also voraussetzende Verwaltungsmaßnahme.

II. Das **Auflösungsverfahren.**

Anm. 13. 1) Es wird **eingeleitet** durch einen **Antrag,** zu dessen Stellung allein der Reichswirtschaftsminister berechtigt ist. Der Antrag geht **an das Reichswirtschaftsgericht.** Vgl. Ges. über das Reichswirtschaftsgericht vom 25. Februar 1938 (RGBl. I S. 216) § 19. Der Reichswirtschaftsminister stellt den Antrag im **Einvernehmen mit dem Reichsminister der Justiz und den sonst beteiligten Reichsministern.** Ein Einvernehmen besteht nicht nur bei positiver Zustimmung, sondern auch da, wo unter Absehung von jeglichem Widerspruch alles dem Ermessen des Reichswirtschaftsministers anheimgestellt wird. Es fragt sich, was die Folgen mangelnden Einvernehmens sind. v. Godin-Wilhelmi § 288 II 3 sehen auch in einem trotz mangelnden Einvernehmens gestellten „Antrag" einen „gültigen Antrag, über den das Reichswirtschaftsgericht zu entscheiden hat". Gleicher Ansicht wohl auch Teichmann-Koehler S. 440. Die anderen Kommentare und die amtliche Begründung schweigen. Der Sinn der gesetzlichen Forderung nach einem zum Zwecke des Auflösungsantrages herbeizuführenden Einvernehmens zwischen dem Reichswirtschaftsminister und dem Reichsminister der Justiz und den sonst beteiligten Reichsministern kann aber wohl nur darin zu sehen sein, daß das Reichswirtschaftsgericht mit einer so weittragenden Maßnahme, wie sie die Auflösung einer Aktiengesellschaft oder Kommanditgesellschaft auf Aktien ist, nur befaßt werden soll, wenn sich die höchsten Reichsressorts vom wirtschaftspolitischen wie juristischen Standpunkt aus über die Notwendigkeit der Maßnahme einig geworden sind. Ist das nicht der Fall, so ist das Vorhandensein so schwerer Bedenken zu vermuten, daß — im Hinblick auf die bei der Entscheidung notwendig mitspielenden und maßgebenden sehr schwierigen Ermessensfragen (vgl. oben unter B I) — eine sachlich einwandfreie Entscheidung des Reichswirtschaftsgerichts nicht erreichbar erscheint. Dann aber hat es keinen Sinn, das Reichswirtschaftsgericht mit einer Sachentscheidung über die Angelegenheit zu befassen. Also wird man zu dem Ergebnis kommen müssen, daß ein vom Reichswirtschaftsminister ohne das gesetzlich erforderte Einvernehmen gestellter Antrag als „unzulässig" anzusehen ist. Der Vorsitzende wird dann gemäß § 21 Abs. 1 des Ges. vom 25. Februar 1938 diese Unzulässigkeit durch Beschluß aussprechen dürfen („geeigneter Fall" im Sinne des § 21 a. a. O.). Eine Sachentscheidung durch ein Urteil des Senats (§ 44) darf nicht ergehen. § 288

Wie das vorhandene Einvernehmen dem Reichswirtschaftsgericht dargetan wird, ist belanglos. Das Einfachste wird eine schriftliche Erklärung der beteiligten Ressorts sein.

2) Das **Verfahren** regelt sich nicht mehr nach der VO. über das Reichswirtschaftsgericht vom 21. Mai 1920 in der Fassung, wie sie durch § 65 der Entschädigungsordnung vom 30. Juli 1921 (RGBl. S. 1046) und Art. I Ziff. 2 des Reichsges. zur Abänderung der VO. über das Reichswirtschaftsgericht und des Besatzungsleistungsgesetzes vom 31. März 1928 (RGBl. I S. 135) bewirkt ist, sondern allein nach dem Ges. vom 25. Februar 1938. **Anm. 14.**

3) Das **Sachurteil** des RWGer. (§ 44 des Ges. vom 25. Februar 1938; vgl. oben Anm. 13) wird nur auf Auflösung der Gesellschaft oder auf Zurückweisung des Antrages des Reichswirtschaftsministers lauten können. Wird die **Auflösung ausgesprochen** (Gestaltungsurteil im Sinne der Zivilprozeßrechtswissenschaft), so hat das **Reichswirtschaftsgericht** gemäß § 290 **dem Registergericht Mitteilung** zu machen; im übrigen findet die **Abwicklung** nach Maßgabe der §§ 205 ff. statt (vgl. § 288 Abs. 2); jedoch kann das **Reichswirtschaftsgericht andere Anordnungen** treffen (ebenda). Mit Recht weist Baumbach § 288 Note 3 auf die Unklarheit dieser Bestimmung hin. Gedacht ist wohl an die Möglichkeit, eine Abwicklung nach anderen als den in §§ 205 ff. vorgeschriebenen Gesichtspunkten anzuordnen (so auch Schlegelberger § 288 Note 5, Teichmann-Koehler Note 3 zu §§ 288 bis 291, Baumbach § 288 Note 3) oder eine Umwandlung in eine andere oder eine Verschmelzung mit einer anderen Gesellschaft zu gestatten (Baumbach a. a. O.). Unstatthaft ist nach erfolgtem Auflösungsurteil die Gestattung einer Fortsetzung der Gesellschaft im Sinne des § 215. Auch die Minister sind an das Auflösungsurteil gebunden und können nicht ihrerseits „die Aufhebung der Auflösung erlauben" (so Baumbach a. a. O.). Über den **Ausschluß von Entschädigungsansprüchen** vgl. unten § 291. **Anm. 15.**

§ 289

§ 289

Anordnungen vor der Auflösung

Ist die Auflösung beantragt, so kann das Reichswirtschaftsgericht auf Antrag des Reichswirtschaftsministers vor der Entscheidung über die Auflösung die nötigen Anordnungen treffen. Der Reichswirtschaftsminister stellt den Antrag im Einvernehmen mit dem Reichsminister der Justiz und den sonst beteiligten Reichsministern.

I. Wenn sich die in § 288 genannten Reichsressorts entschließen, gegen eine Gesellschaft das Auflösungsverfahren einzuleiten, wird in der Regel ein erhebliches Interesse daran bestehen, zunächst wenigstens vorläufig die aus der Wirtschaftsführung oder der Existenz der Gesellschaft sich ergebenden Gefahren zu bannen, da bis zum Urteil des Reichswirtschaftsgerichts möglicherweise längere Zeit vergehen kann. Demgemäß ermöglicht § 289 schon vor der Entscheidung die nach Lage der Sache erforderliche Anordnung von Zwischenmaßnahmen („**nötige Anordnungen**"). **Inhaltlich** können diese Maßnahmen den **Personalbestand** der Gesellschaft (Abberufung von Vorstands- oder Aufsichtsratsmitgliedern, Bestellung eines neuen Vorstandes, Entlassung von Angestellten) oder auch die **Betriebs- und Wirtschaftsführung** betreffen (Untersagung bestimmter Maßnahmen der Herstellung, des Vertriebs usw.). Berechtigt ist jede Anordnung, die das Reichswirtschaftsgericht nach pflichtmäßigem Ermessen für nötig erachtet. Die Meinung **Anm. 1.**

§ 289 von v. Godin-Wilhelmi (§ 289 Note), daß § 76 die Bestellung eines neuen Vorstandes durch das Reichswirtschaftsgericht ausschließe, kann nicht gebilligt werden (gegen diese Auffassung auch Schlegelberger § 289 Note 3). Gewiß hat nach § 76 (dazu § 14, § 145 Abs. 1 FGG.) das Amtsgericht die Möglichkeit, in dringenden Fällen fehlende Vorstandsmitglieder für die Zeit bis zur Hebung des Mangels zu bestellen; aber das Amtsgericht darf das nur auf Antrag eines Beteiligten tun; auch zeigt § 76 deutlich genug, daß die Maßregel des Amtsgerichts als eine subsidiäre gedacht ist. Der außergewöhnlichen Lage, die § 289 im Auge hat, würde § 76 gar nicht gerecht werden. Den Antrag eines „Beteiligten" im Sinne des § 76 abzuwarten, erscheint ganz untunlich. Auch liegt es sicher nicht im Sinne des § 289, daß in ein beim Reichswirtschaftsgericht anhängiges Verfahren Maßnahmen des Amtsgerichtes hineinwirken, selbst wenn man unter die „Beteiligten" des § 76 die für das Auflösungsverfahren maßgebenden Reichsressorts rechnen wollte. Richtig ist daher doch wohl allein die Auffassung, daß § 289 unter Beseitigung aller entgegenstehenden Zuständigkeiten allein das Reichswirtschaftsgericht für die sich als nötig erweisenden Maßnahmen berufen will.

Anm. 2. Die Anordnungen brauchen nach der amtlichen Begründung nicht bis zur Entscheidung der Hauptsache befristet zu werden, können also über diese hinauswirken.

Anm. 3. § 37 des Ges. über das RWGericht vom 25. Februar 1938 wird neben § 289, der erheblich über ihn hinausgreift, für das hier interessierende Auflösungsverfahren kaum von Bedeutung sein.

Anm. 4. II. Die **Anordnungen** im Sinne des § 289 darf das Reichswirtschaftsgericht **nicht von Amts wegen**, sondern **nur auf Antrag des Reichswirtschaftsministers** treffen. Auch hier muß dieser im „Einvernehmen" (vgl. dazu oben Anm. 13 zu § 288) mit dem Reichsminister der Justiz und den sonst beteiligten Reichsministern handeln. Mangelndes Einvernehmen hat die gleichen Folgen, wie sie in Anm. 13 zu § 288 dargelegt sind.

Anm. 5. Der Antrag des Reichswirtschaftsministers setzt die Beantragung der Auflösung voraus. Es wird aber nichts im Wege stehen, den Auflösungsantrag sogleich mit der Beantragung von Anordnungen im Sinne des § 289 zu verbinden. Ebenso Schlegelberger § 289 Note 2.

§ 290

§ 290

Eintragung

Die Entscheidungen des Reichswirtschaftsgerichts sind dem Registergericht mitzuteilen; dieses trägt sie, soweit sie eintragungspflichtige Rechtsverhältnisse betreffen, in das Handelsregister ein.

Anm. 1. I. Unter den Entscheidungen im Sinne des § 290 sind sowohl die den Auflösungsantrag des Reichswirtschaftsministers (oben Anm. 13 zu § 288) sachlich erledigenden Urteile des Reichswirtschaftsgerichts, wie auch die gemäß § 289 ergehenden Anordnungen während des Auflösungsverfahrens zu verstehen. Gleichviel welchen Inhalts, sind sie sämtlich dem Registergericht mitzuteilen. Die Mitteilungspflicht beschränkt sich also nicht auf solche Entscheidungen, die eintragungspflichtige Rechtsverhältnisse betreffen. Ob und inwieweit eine Eintragung in Frage kommt, interessiert und entscheidet allein das Registergericht.

Anm. 2. II. Die Mitteilungen hat das Reichswirtschaftsgericht von Amts wegen vorzunehmen. Ebenso Baumbach § 290 Note 1, v. Godin-Wilhelmi § 290 Note, Schlegelberger § 290 Note 1. Nichts spricht dafür, daß die Mitteilungspflicht die Vorstandsmitglieder treffen soll.

III. Die Eintragung hat in allen Fällen nur deklaratorische, nicht konstitutive Bedeutung. Das gilt insbesondere von der Eintragung der Auflösung auf Grund des Urteils des Reichswirtschaftsgerichts. Ebenso v. Godin-Wilhelmi § 290.

§ 291 § 291

Ausschluß der Entschädigung

Maßnahmen auf Grund dieser Vorschriften begründen keinen Anspruch auf Entschädigung.

I. § 291 betrifft die gemäß §§ 288, 289 getroffenen Maßnahmen des Reichswirtschaftsgerichts. Weder Verwaltungsträger, noch Aktionäre, noch Gläubiger, noch die betroffene Gesellschaft selbst können Entschädigungsansprüche geltend machen. Dies gilt auch dann, wenn eine Maßnahme dieser Art sich objektiv als unnötig herausstellt. Anm. 1.

II. § 291 regelt aber nicht die Frage, ob Entschädigungsansprüche gegen diejenigen Verwaltungsträger oder sonstigen Personen, die das Einschreiten der Reichsressorts veranlaßt und „Anordnungen" (§ 289) oder ein Auflösungsurteil des Reichswirtschaftsgerichts (§ 288) letzten Endes verursacht haben, geltend gemacht werden dürfen. Hier gelten durchaus die allgemeinen, aus Vertrag oder unerlaubter Handlung sich ergebenden Grundsätze. Anm. 2.

III. Unberührt durch § 291 bleiben auch die Rechtsbeziehungen, die zwischen einem durch das Reichswirtschaftsgericht von seinem Posten abberufenen Verwaltungsträger und der Gesellschaft bestehen. Sie regeln sich nach dem Anstellungsvertrag. Die Abberufung durch das Reichswirtschaftsgericht wird freilich stets einen wichtigen Grund zur Kündigung im Sinne des § 626 BGB. darstellen; denn wenn auch der Anstellungsvertrag und die Bestellung zum Vorstandsmitglied juristisch zu trennen sind, möglicherweise also ein für den „Widerruf" des § 75 Abs. 3 vorliegender wichtiger Grund nicht zugleich ein wichtiger Grund für die fristlose Kündigung des Anstellungsvertrages zu sein braucht, so wird doch in dem hier interessierenden Falle eines Einschreitens der höchsten Reichsressorts die Sache stets so liegen, daß der Gesellschaft die Fortsetzung des Anstellungsverhältnisses nicht zugemutet werden kann, wenn das Reichswirtschaftsgericht das Vorstandsmitglied abberuft. Damit aber sind die Voraussetzungen des § 626 BGB. gegeben. Es gilt dann § 628 Abs. 1 BGB. für die Regelung der dem abberufenen Vorstandsmitglied zu gewährenden Vergütung. Vgl. v. Godin-Wilhelmi § 291, sowie oben die Erläuterungen zu § 75. Anm. 3.

§ 292 § 292

Zulassung ausländischer Aktiengesellschaften oder Kommanditgesellschaften auf Aktien

Die Zulassung einer ausländischen Aktiengesellschaft oder einer Kommanditgesellschaft auf Aktien zum Gewerbebetrieb im Inland bedarf der Genehmigung des Reichswirtschaftsministers. Bestimmungen in Staatsverträgen bleiben unberührt.

I. § 292 betrifft die Frage der Zulassung ausländischer Gesellschaften zum **inländischen Gewerbebetrieb.** Bisher ist in dieser Beziehung auch für Aktiengesellschaften und Kommanditgesellschaften auf Aktien § 12 der Gewerbeordnung maßgebend gewesen, der seinerseits wieder auf das Landesrecht verwiesen hat. Dieses Landesrecht ist nunmehr für die hier in Betracht zu ziehenden Gesellschaften beseitigt. Für ausländische Versicherungsgesellschaften gelten auch weiterhin die §§ 105ff. des Gesetzes über die Beaufsichtigung der privaten Versicherungsunternehmungen und Bausparkassen vom 6. Juni 1931 (insbes. § 106 Ziff. 3 daselbst). Anm. 1.

II. „Genehmigung" im Sinne dieser Vorschrift ist dasselbe, was „Erlaubnis" im Sinne des § 105 des Ges. über die Beaufsichtigung der privaten Versicherungsunternehmungen und Bausparkassen vom 6. Juni 1931 bedeutet. Voraussetzung für den inländischen Gewerbebetrieb ist also nicht eine „nachträgliche Zustimmung" (§ 184 BGB.), sondern die vor der Eröffnung des inländischen Gewerbebetriebes beantragte und erfolgte Erlaubnis des Reichswirtschaftsministers. Anm. 2.

§ 292 Anm. 3. III. Staatsverträge über den inländischen Gewerbebetrieb einer ausländichen Gesellschaft sind bereits den nach § 12 GewO. maßgebenden Landesgesetzen vorgegangen (vgl. Stenglein, Kommentar zu den Strafrechtlichen Nebengesetzen, 5. Aufl., Bd. II, Anm. 3 zu § 12 Gewerbeordnung). Auch durch § 292 Satz 1 werden solche Verträge nicht berührt (Satz 2). Zur Zeit bestehen solche Verträge übrigens nicht.

Anm. 4. IV. Zu beachten sind die §§ 16, 17 des EinfGes. zum Aktiengesetz, wonach diejenigen ausländischen Gesellschaften, die beim Inkrafttreten des AktGes. einen Gewerbebetrieb im Inland zulässigerweise bereits ausüben, der Genehmigung nach § 292 nicht bedürfen.

§ 293

§ 293

Durchführungsvorschriften

Der Reichsminister der Justiz und der Reichswirtschaftsminister erlassen die zur Durchführung dieser Vorschriften nötigen Rechts- und Verwaltungsvorschriften.

Anm. 1. I. Die Ermächtigung des § 293 bezieht sich auf die Durchführung der §§ 288—292.

Anm. 2. II. Die Meinung von Schlegelberger § 293, daß in den Durchführungsvorschriften im einzelnen bestimmt werden könnte, welche „Anordnungen“ gemäß § 289 das Reichswirtschaftsgericht treffen darf, erscheint bedenklich. § 289 läßt alle „nötigen“ Anordnungen zu, will also dem pflichtgemäßen Ermessen des Reichswirtschaftsgerichts nicht vorgreifen. Damit aber ist die Aufstellung eines Kataloges der zulässigen Anordnungen im Rahmen von bloßen Durchführungsvorschriften ausgeschlossen. Eine gesetzliche Generalklausel darf nicht durch eine Durchführungsvorschrift in eine starre Norm verwandelt werden, weil dies gegen den Sinn des Gesetzes verstoßen würde.

Anm. 3. III. Über „Rechts- und Verwaltungsvorschriften“ vgl. die vortreffliche Arbeit von v. Wedel, Außenwirkung der Verwaltungsverordnung, Hamburger Diss. 1933. Auf die Problematik des staatsrechtlichen Rechtssatzbegriffs, die mit der Nebeneinanderstellung von Rechts- und Verwaltungsvorschriften berührt wird, kann hier nicht eingegangen werden.

Anm. 4. IV. Die Voraussetzungen für die den ausländischen Gesellschaften zu erteilenden Gewerbegenehmigungen können in den Durchführungsvorschriften frei gestaltet werden. Eine Angleichung an § 106 des Ges. über die Beaufsichtigung der privaten Versicherungsunternehmungen und Bausparkassen vom 6. Juni 1931 wäre also auf diesem Wege möglich.

Zweiter Teil

Strafvorschriften

Die Strafvorschriften des Aktiengesetzes stimmen im Wesentlichen mit den §§ 312ff. HGB. überein. Infolgedessen ist die Literatur zu den aktienstrafrechtlichen Bestimmungen des HGB. auch heute noch verwendbar; auch die Rechtsprechung des RG. zu den §§ 312ff. HGB. ist nach wie vor von Bedeutung.

Allgemeine Literatur zum Aktienstrafrecht: Die Erläuterungswerke zum HGB. und zum Aktiengesetz; dazu Stenglein, Kommentar zu den Strafrechtlichen Nebengesetzen des Deutschen Reichs, 5. Aufl., Bd. II (1931) nebst Ergänzungsband 1933; Rabben, Das kriminelle Strafrecht im Aktiengesetz nach deutschem Reichsrecht, 1913; Grünhut, Der strafrechtliche Schutz wirtschaftlicher Interessen (Festg. f. d. Reichsgericht Bd. V, 116ff.), 1929; Spohr, Handelsgesellschaftsstrafrecht (Tabellen) JW. 1932, 1696.

Abhandlungen und Aufsätze zu den einzelnen aktienrechtlichen Straftatbeständen werden bei den Erläuterungen zu diesen besonders angeführt.

Allgemeine Vorbemerkungen über die Strafbestimmungen des Aktienrechts.

Anm. 1. I. Die Strafbestimmungen des Aktienrechts verdanken ihre Entstehung der namentlich in den Gründerjahren gemachten Erfahrung, daß die allgemeinen Strafbestimmungen nicht ausreichen, um den im Aktienwesen zutage getretenen Mißständen zu begegnen.

Deshalb hatte schon das Bundesgesetz vom 11. Juni 1870 (RGBl. S. 375) Sonderbestimmungen eingeführt. Weiter ging das Aktiengesetz von 1884. Dessen Vorschriften, seinerzeit als Artt. 249 bis 249g in das ADHGB. eingearbeitet, sind im großen und ganzen unverändert in das HGB. übergegangen und leben nun im neuen Aktiengesetz fort. Der Art. 249d Nr. 1 und 2, der gegen den mit betrügerischen Machenschaften verbundenen Aktienhandel gerichtet war, hat aus dem Aktienstrafrecht entfernt werden können, weil er in allgemeinerer Fassung in das Börsengesetz § 88 übergegangen ist. Von einer Erläuterung dieser Bestimmung wird hier abgesehen; vgl. Stenglein, Nebengesetze II S. 51ff., Ergänzungsband S. 335; dort auch Angaben über Schrifttum und Rechtsprechung. **§ 293**

II. 1) **Die allgemeinen Bestimmungen des Strafgesetzbuchs** finden auf die Vorschriften des Aktienstrafrechts Anwendung. In allen aktienstrafrechtlichen Tatbeständen der §§ 294ff. handelt es sich um **Vergehen** im Sinne des § 1 StGB. Denn die Strafdrohung lautet allenthalben auf Gefängnis oder Geldstrafe. Der Vergehenscharakter bleibt aber auch da bestehen, wo für „besonders schwere Fälle" Zuchthaus angedroht ist (§ 294 Abs. 3, § 296 Abs. 2, § 298 Abs. 2). Allerdings ist dies bestritten. Für die hier vertretene Meinung in ständiger Rechtsprechung das Reichsgericht; vgl. RGSt. 69, 49, 168, 340; ferner auch die überwiegende Meinung in der Literatur. Vgl. die ausgezeichnete Darstellung des ganzen Problems bei Schlegelberger-Quassowski-Schmölder, VO. über Aktienrecht, 1932, S. 378ff. Eine abweichende Ansicht vertreten neuerdings Schäfer-v. Dohnanyi (Nachtrag zum Frank'schen Kommentar § 49b XII 3); auch Kohlrausch StGB. [34] § 1 Note 2 neigt zur Ablehnung der herrschenden Meinung. Indessen ist unter der Herrschaft des StGB. von 1871 an ihr festzuhalten. Das StGB. läßt nun einmal die Strafdrohungen entscheiden, wie sie für die einzelnen, tatbestandlich besonders gefaßten Deliktstypen vom Gesetz aufgestellt sind. Veränderungen der Strafdrohung allein ohne Modifizierung des Tatbestandes im Sinne einer Qualifizierung oder Privilegierung wirken sich bezüglich der Einordnung unter die Kategorien „Verbrechen" und „Vergehen" nicht aus. MilStGO. § 359 Abs. 1 Ziff. 4 (verglichen mit Ziff. 2) beweist de lege lata, daß der Gesetzgeber selbst noch in seinen jüngsten Auslassungen auf dem hier vertretenen, auch von Schlegelberger § 294 Note 10 gebilligten Standpunkt steht. Übrigens haben Schäfer-Dohnanyi die aus ihrer Auffassung sich ergebende Folgerung, daß die Ersetzung der Zuchthausstrafe durch die Gefängnisstrafe für „minder schwere Fälle" oder bei „mildernden Umständen" aus einem „Verbrechen" ein „Vergehen" macht, seltsamerweise nicht gezogen; bei § 84 StGB. wäre das für die in § 83 aufgezählten Tatbestände nötig gewesen; im übrigen darf man die rechtstheoretische Bedeutung der Frage nicht überschätzen; § 1 StGB. hat mit seiner Dreiteilung nur gesetzestechnische Bedeutung. Vgl. aber Anm. 3 und 4. **Anm. 2.**

2) Aus dem Vergehenscharakter der aktienstrafrechtlichen Delikte folgt zunächst nach **heute noch** geltendem allgemeinen Strafrecht **die Straflosigkeit der Versuchshandlungen** (StGB. § 43 Abs. 2). Ebenso Schlegelberger Anm. 2 vor § 294, v. Godin-Wilhelmi § 294 I. Das **künftige gemeine Strafrecht** wird die Unterscheidung von Verbrechen und Vergehen nicht mehr kennen und die Bestrafungsmöglichkeit stets mit dem „Beginn der Straftat" eintreten lassen. Vgl. Freisler in: Gürtner, Das kommende deutsche Strafrecht, Allg. Teil, 2. Aufl. 1935 S. 22ff., 38ff.; Freisler in: Gürtner-Freisler, Das neue Strafrecht, 1936 S. 138/9. **Anm. 3.**

3) Weitere Folgerungen aus dem Vergehenscharakter ergeben sich hinsichtlich der **Verjährung** (§ 67 StGB.), der **Nichtanwendbarkeit des § 49a**, sowie verschiedentlich in **prozeßrechtlicher Hinsicht** (GVG. § 25, StPO. § 112 Abs. 2 Ziff. 1, § 233). **Anm. 4.**

III. Für Versicherungsgesellschaften und Bausparkassen sind noch die Strafbestimmungen in den §§ 134ff. des Ges. über die Beaufsichtigung der privaten Versicherungsunternehmungen und Bausparkassen vom 6. Juni 1931 in Verbindung mit Art. IV des Ges. vom 26. Mai 1933 (RGBl. I S. 298) zu beachten. **Anm. 5.**

IV. **Ausländische Gesellschaften** werden durch die §§ 294ff. nicht geschützt, da sich aus der Entstehungsgeschichte und dem Sinn dieser Strafvorschriften (vgl. oben Anm. 1) ergibt, daß sie nur zum deutschen Aktienwesen in Beziehung stehen. Ebenso RGSt. 68, 210 (für § 312 HGB.), auch abgedr. DJ. 1934, 1217, DRZ. 1934 Nr. 500. **Anm. 6.**

§ 294

§ 294

Handeln zum Nachteil der Gesellschaft

(1) Wer als Mitglied des Vorstands oder des Aufsichtsrats oder als Abwickler vorsätzlich zum Nachteil der Gesellschaft handelt, wird mit Gefängnis bestraft.

(2) Zugleich kann auf Verlust der bürgerlichen Ehrenrechte erkannt werden.

(3) In besonders schweren Fällen tritt an die Stelle der Gefängnisstrafe Zuchthaus bis zu zehn Jahren; ein besonders schwerer Fall liegt namentlich dann vor, wenn die Tat das Wohl des Volks geschädigt oder einen besonders großen Schaden zur Folge gehabt oder der Täter besonders arglistig gehandelt hat.

Lit.: Schöllgen, Die strafrechtliche Verantwortlichkeit der Organe einer AG. nach § 312 HGB. Kölner Dissertation 1930. Dorothea Prieß, Die aktienrechtliche Untreue (§ 312 HGB.). Hamburger Diss. 1933.

Ferner ist auf folgende **Schriften über die Untreue** noch besonders zu verweisen: Draheim, Untreue und Unterschlagung (Strafrechtl. Abhandlungen Heft 39) 1901. Leopold, Zum Tatbestand der strafbaren Untreue (Strafr. Abh. Heft 94) 1908. Pfeiffer, Die Untreue (Strafr. Abh. Heft 302) 1932. Thies, Die Bevollmächtigtenuntreue des § 266 Abs. 1 Ziff. 2 StGB. (Strafr. Abh. Heft 307) 1932. **Vor allem aber:** H. Mayer, Die Untreue im Zusammenhang der Vermögensverbrechen, 1926 (dazu Else Koffka ZStrW. Bd. 48 S. 701; Oetker, Gerichtssaal 1926, S. 277 ff.). Schwinge und Siebert, Das neue Untreuestrafrecht, 1933. Dahm, Untreue (in: Gürtner, Das kommende deutsche Strafrecht, Besond. Teil, 2. Aufl. 1936). Kohlrausch, Vermögensverbrechen im Wandel der Rechtsprechung und der Gesetzgebung (Festschr. f. Schlegelberger, 1936, S. 203 ff.).

Anm. 1. A. **Allgemeines.**

I. § 294 stimmt in den wesentlichsten Beziehungen mit § 312 HGB. überein. Wie dieser stellt er die vorsätzliche Benachteiligung der Gesellschaft durch ihre Verwaltungsträger unter Strafe. Sinn und Zweck rücken ihn in eine enge Beziehung zum **Untreue-Paragraphen des StGB.: § 266.** Das Gesetz zur Abänderung strafrechtlicher Vorschriften vom 26. Mai 1933 (RGBl. I, 295) hat diesem § 266 eine so weite Fassung gegeben, daß alle Fälle aktienrechtlicher Untreue zweifellos von § 266 mit gedeckt werden. Demgemäß ist § 294 an und für sich entbehrlich. Der Gesetzgeber dürfte ihn aber dem neuen Aktiengesetz aus den gleichen Gründen eingefügt haben, die bei dem Erlaß des Gesetzes vom 26. Mai 1933 zur weiteren Beibehaltung des § 312 HGB. geführt haben: Eine Sondernorm, die für ein in sich geschlossenes, rechtlich geordnetes Lebensgebiet eine allgemeine Norm wiederholt und in entscheidenden Sonderbeziehungen (Täterkreis, Tatobjekt usw.) verdeutlicht, wird stärker beachtet, ist in generalprävenierender Hinsicht wirkungsvoller (Schäfer-v. Dohnanyi § 266 VII). Als lex specialis geht sie dann der allgemeinen Norm stets vor. Idealkonkurrenz zwischen § 266 StGB. und § 294 ist daher ausgeschlossen, wie eine solche auch im Verhältnis des § 266 StGB. zu § 312 HGB. nicht in Frage gekommen ist (anders im Verhältnis des § 266 StGB. alter Fassung zu § 312 HGB.; darüber vgl. Eb. Schmidt zu Staub[14] § 312 Anm. 24). Ebenso Schlegelberger § 294 Note 1, v. Godin-Wilhelmi § 294 II 1, Baumbach § 294 Note 1, Teichmann-Koehler § 294 Note 1, RGSt. 69, 337, JW. 1934, 696 (= DRZ. 1934 Nr. 189, HRR. 1934 Nr. 616).

Anm. 2. Zur Erläuterung des § 294 sind Rechtsprechung und Schrifttum zu § 266 StGB. zu verwenden. Namentlich ist die Grundauffassung vom Wesen der Untreue, die dem § 266 StGB. zugrundeliegt, auch für § 294 von weittragender Bedeutung. Vgl. darüber unten Anm. 11.

Neben § 294 enthalten noch folgende Bestimmungen Sonderregelungen der Untreue: § 81a des Ges., betr. die Gesellschaften mit beschränkter Haftung, vom 20. April 1892 (dieser Paragraph ist durch das Ges. vom 26. Mai 1933 geschaffen worden); § 95 des Börsengesetzes vom 22. Juni 1896; § 142 des Ges. über die Beaufsichtigung der privaten Versicherungsunternehmungen und Bausparkassen vom 6. Juni 1931; § 53 der vorläufigen Durchführungsbestimmungen zur Vo. über die Errichtung der deutschen Rentenbank vom 15. Okt. 1923, vom 14. Nov. 1923 (RGBl. I, 1092); § 146 des Ges. betr. die Erwerbs- und Wirtschaftsgenossenschaften vom 1. Mai 1889; § 23 Abs. 2 der Reichsversicherungsordnung vom 15. Dez. 1924; § 36 des Hypothekenbankgesetzes vom 13. Juli 1899; § 153 des Reichsknappschaftsgesetzes vom 1. Juli 1926; § 268 des Ges. über Arbeitsvermittlung und Arbeitslosenversicherung vom 12. Okt. 1929. **§ 294 Anm. 3.**

Auch die zu diesen Sondernormen ergangene Rechtsprechung ist für die Auslegung des § 294 bedeutungsvoll.

II. § 294 ist Schutzgesetz im Sinne des § 823 Abs. 2 BGB., freilich nur für die Gesellschaft als Rechtspersönlichkeit und für die Aktionäre (obwohl das Interesse der Ges. mit dem der Aktionäre, auch eines Mehrheitsaktionärs nicht identisch zu sein braucht: RG. 2 D 1225/33 vom 15. 4. 1935), nicht auch für Gläubiger der Gesellschaft oder für Dritte. Ebenso Schlegelberger § 294 Anm. 2, Baumbach § 294 Note 1, RG. in JW. 1934, 696 (= DRZ. 1934 Nr. 189, HRR. 1934 Nr. 616); RG. in JW. 1935, 3302. **Anm. 4.**

B. **Die Strafvoraussetzungen nach § 294.** **Anm. 5.**

I. Als **Täter** kommen nur bestimmte Personengruppen in Frage.

1) Dies sind:

a) **Vorstandsmitglieder** der Aktiengesellschaft. Vgl. § 70.

b) **Stellvertretende Vorstandsmitglieder.** § 85. Auch diese sind ja echte Vorstandsmitglieder, deren Handlungen Dritten gegenüber selbst für den Fall, daß nach den inneren Rechtsbeziehungen ihrer Gesellschaft ein Vertretungsfall gar nicht gegeben ist, als Vorstandshandlungen wirksam sind. Daß sie ihre stellvertretende Tätigkeit „bestimmungsgemäß übernommen“ haben müßten, wie Eb. Schmidt bei Staub[14] § 312 Anm. 4 in Übereinstimmung mit Stenglein § 312 Note 2, RG. in LZ. 1914, 398[17] und H. Mayer S. 135, 136 Note 75 formuliert hat, ist mindestens mißverständlich. Art und Umfang der durch § 294 begründeten strafrechtlichen Haftung ist für die stellvertretenden Vorstandsmitglieder die gleiche wie für die Vorstandsmitglieder. Vgl dazu insbesondere unten Anm. 12.

c) **Mitglieder des Aufsichtsrats** einer AG. Vgl. §§ 86 ff.

d) **Stellvertretende Aufsichtsratsmitglieder.** Das Gesetz erwähnt sie zwar nicht; ihre Bestellung aber ist zulässig. Da sie die gleiche Stellung wie die Aufsichtsratsmitglieder haben, unterliegen sie auch der gleichen strafrechtlichen Haftung.

e) **Abwickler:** § 206.

f) **Die persönlich haftenden Gesellschafter der Kommanditgesellschaft auf Aktien:** § 304. Ebenso Schlegelberger § 304, Baumbach § 304. Zu eng v. Godin-Wilhelmi § 304, die den § 304 nur auf das Ordnungsstrafrecht des Registergerichts, d. h. also auf § 303, beziehen; das aber steht im Widerspruch zu dem klaren Wortlaut des § 304 (Vorschriften „dieses Buchs“!).

g) Für die **Aufsichtsratsmitglieder** und die **Abwickler einer Kommanditgesellschaft auf Aktien** ergab sich die strafrechtliche Haftung gemäß § 312 HGB. früher deutlich aus § 320 Abs. 3 HGB. § 304 scheint einer Anwendung des § 294 auf diese Personen entgegenzustehen; § 219 Abs. 3 verweist nur auf die Vorschriften des ersten, nicht des vierten Buchs. Dennoch wird mit Schlegelberger § 304 auch für die Aufsichtsratsmitglieder und Abwickler der Kommanditgesellschaft auf Aktien die Anwendbarkeit des § 294 zu bejahen sein. Es kann nicht sinnvoll erscheinen, für diese Personengruppen auf § 266 StGB. zurückzugreifen. § 304 ist redaktionell mißglückt. Vgl. dazu unten § 299 Anm. 1 und § 302 Anm. 2 sowie die Anm. zu § 304.

2) **Nicht** gehören zu dem dem § 294 eigentümlichen Täterkreis die Mitglieder sonstiger Gesellschaftsorgane, etwa die eines Beirats (§ 128 Abs. 2 Ziff. 7), eines Regionalaus- **Anm. 6.**

§ 294 schusses u. dergl. Handlungsbevollmächtigte der AG. stehen ebenfalls außerhalb des gesetzlichen Täterkreises (RG. in JW. 1934, 696, DRZ. 1934 Nr. 189, HRR. 1934 Nr. 616); das gleiche gilt für Personen, die nur in einzelnen Beziehungen als Stellvertreter (BGB. § 164) von Vorstandsmitgliedern usw. tätig werden.

Anm. 7. 3) Durch die Beschränkung auf den zu 1) bezeichneten Täterkreis hat § 294 den Charakter eines **Sonderdelikts** erhalten. Täter, auch mittelbarer Täter, kann nur sein, wer der Gesellschaft gegenüber die besonders gesteigerten Pflichten hat, die mit den unter 1) bezeichneten Funktionen verknüpft sind. Als Anstifter (§ 48 StGB.), Gehilfe (§ 49 StGB.), Begünstiger (§ 257 StGB.), Hehler (§ 259 StGB.) kann sich dagegen jeder Beliebige strafbar machen; § 50 StGB. greift hier nicht Platz. Vgl. v. Liszt-Schmidt, Lehrbuch I, 26. Aufl. 1932, S. 333 (dort weitere Literatur). Auch unter der Herrschaft des **künftigen Strafrechts** wird die täterschaftliche Haftung aus § 294 auf den im Gesetz hervorgehobenen Personen-(Täter-)kreis beschränkt bleiben; aber die Auflockerung der Akzessorietät bei Anstiftung und Beihilfe wird bewirken, daß die teilnehmerschaftliche Haftung von Personen, die nicht zum Täterkreis gehören, weiter greift als heute, insbesondere auch da möglich ist, wo den Täter der Vorwurf vorsätzlicher Schuld nicht treffen kann; vgl. Kohlrausch, Handwörterbuch der Rechtswissenschaft, 2. Ergänzungsband 1936, S. 365.

Anm. 8. 4) Es fragt sich, welchen Einfluß **Mängel beim Zustandekommen der AG.** überhaupt, sowie **Mängel bei der Begründung des Amtes** als Vorstandsmitglied usw. auf die Anwendbarkeit des § 294 haben.

a) **Nichtigkeit der AG. oder KommGes.a.A.** steht der Strafbarkeit dessen, der die Stellung als Vorstandsmitglied usw. übernommen hat, nach richtiger, von RGSt. 43, 413 gebilligter Auffassung nicht entgegen; denn da eine „nichtige" AG. im Verkehr als bestehend zu behandeln und nur durch eine gegen sie gerichtete Klage (§§ 216, 199 Abs. 2) zu beseitigen ist, so wäre es sinnwidrig, wollte man, solange die AG. tatsächlich besteht, die Begehbarkeit des Delikts aus § 294 leugnen. Bezüglich § 312 HGB. herrschte in dieser Hinsicht kein Streit (vgl. Eb. Schmidt bei Staub[14] § 312 Anm. 6); auch für § 294 besteht erneut Einigkeit; vgl. Baumbach § 294 Note 3; Schlegelberger § 294 Note 3; v. Godin-Wilhelmi § 294 Note 2; Teichmann-Koehler § 294 Note 2. Vgl. aber dazu auch unten Anm. 11.

b) Kommt es für die Gesellschaft selbst nur auf die tatsächliche Existenz an, so muß dasselbe gelten für die ihr Amt tatsächlich ausübenden Mitglieder des Vorstandes, Aufsichtsrats usw., selbst wenn ihrer Bestellung Mängel anhaften. So mit Recht RGSt. 16, 269 (271) (mit Bezug auf KO. § 244 in Verb. mit GenossGes. 1868 §§ 2, 17), RGSt. 64, 84, RGSt. in JW. 1934, 696 (= DRZ. 1934 Nr. 189, HRR. 1934 Nr. 616), Stenglein § 312 Note 2, Prieß 17, Schöllgen 9, Brodmann AR. § 312 Anm. 2a, Schwinge-Siebert 71. Die heutige, in § 266 StGB. deutlich zum Ausdruck gebrachte Auffassung vom Wesen der Untreue (vgl. unten Anm. 11) läßt eine andere Auffassung nicht zu. Übereinstimmend Schlegelberger § 294 Note 3, Baumbach § 294 Note 3, v. Godin-Wilhelmi § 294 Note 2. Teichmann-Koehler § 294 Note 2 dagegen äußern im Hinblick auf die §§ 195—202, 216—218 Bedenken, ob die zitierten älteren Entscheidungen heute noch anzuerkennen sind. Übrigens ist zum früheren Recht des § 312 HGB. die hier behandelte Frage streitig gewesen. H. Mayer S. 140 hat bei Nichtigkeit der Bestellung die Anwendbarkeit des § 312 verneint, bei bloßer Anfechtbarkeit bejaht; ebenso Goldschmit AR. S. 192 und AG. Anm. 3. Ernst Heymann bei Litthauer-Mosse[17] § 312 Note 1 hat unter Berufung auf die unklare (vgl. H. Mayer S. 141 Note 100, Stenglein § 312 Note 2), mit der sonstigen Rechtsprechung des RG. in Widerspruch stehende Entscheidung RGSt. 29, 383 gültige Bestellung verlangt. Über weitere ältere Literatur vgl. Eb. Schmidt bei Staub[14] § 312 Anm. 6.

Anm. 9. 5) Eine **Teilung der Vorstandsgeschäfte** ist für die strafrechtliche Haftung aus § 294 objektiv bedeutungslos; vgl. Verein. Straffen. 13, 235; RGSt. 64, 85, Prieß 19ff. Über die strafrechtliche **Haftung** eines im Vorstand oder Aufsichtsrat **überstimmten Mit-**

gliedes vgl. unten Anm. 23. In den hier erwähnten Fällen werden aber die Schuldfragen besonders zu beachten sein. Unten Anm. 24. **§ 294**

6) Handelt ein Vorstandsmitglied usw. **vor Eintragung der Gesellschaft** treulos im Sinne des § 294, so kann er sich auf § 34 Abs. 1 Satz 1 zum Zwecke der Strafbefreiung nicht berufen. Für § 294 kann in dieser Hinsicht nichts anderes gelten als für §§ 295, 296, wo gerade auch solche Handlungen von „Vorstandsmitgliedern" usw. unter Strafe gestellt werden, die vor der Eintragung der Gesellschaft begangen sind. Hierauf hat für §§ 312ff. HGB. mit Recht RGSt. 34, 412 hingewiesen. Zustimmend für das (mit dem heutigen übereinstimmende) frühere Recht RGSt. 43, 414, H. Mayer S. 136, Stenglein § 312 Note 2, Schöllgen S. 6, Prieß S. 18; ferner für § 294 Schlegelberger § 294 Note 3. **Anm. 10.**

7) Nicht unerhebliche Schwierigkeiten bereitet die Frage, **wie lange die strafrechtliche Haftung aus § 294 andauert.** Vgl. dazu §§ 70, 71, 75. Die Äußerungen des Reichsgerichts, wie sie von Fall zu Fall ergangen sind, sind nicht ganz frei von Unklarheiten und mitunter von der Grundauffassung des Reichsgerichts über das Wesen der Untreue aus nicht unbedenklich. RGSt. 64, 85 erwähnt beiläufig, daß die Haftung als Vorstandsmitglied solange dauere, als „diese Tätigkeit nicht in gehöriger Weise niedergelegt" sei, was, wie RG. fortfährt, „nur durch Erklärung gegenüber dem — oder einem — Vertreter der Gesellschaft, also gegenüber einem Vorstandsmitglied oder, beim Fehlen eines solchen, gegenüber dem Aufsichtsrat geschehen konnte". Neuerdings hat RG. in JW. 1934, 696 die strafrechtliche Haftung zeitlich mit dem Zeitpunkt des Ausscheidens aus dem Amt begrenzt, und zwar unter Hinweis darauf, daß die für den Fall einer rechtlich unwirksamen oder mangelhaften Bestellung entwickelten Grundsätze (oben Anm. 8 zu b) für die hier vorliegende Frage nicht zu einer Erstreckung der Haftung über den Zeitpunkt des Ausscheidens aus dem Amt führen dürften. Indessen ist gerade diese Auffassung des RG. nicht frei von Bedenken und Widersprüchen. Denn gerade in der reichsgerichtlichen Rechtsprechung (und zwar schon zum § 266 alter F. StGB.) hatte sich der Gedanke entwickelt, daß das **Wesen der strafbaren Untreue** in der **Verletzung** eines zwischen dem Geschädigten und dem Täter bestehenden **tatsächlichen Vertrauens- oder Treueverhältnisses** bestehe, sofern mit diesem nur tatsächlich eine Verfügungsmöglichkeit über fremde Vermögenswerte verbunden ist (**Treubruchstheorie**); auf die zivilrechtliche Gestaltung und den zivilrechtlichen Bestand oder Fortbestand des zwischen dem Täter und dem Verletzten in Betracht kommenden Rechtsverhältnisses ist vom RG. demgemäß kein entscheidendes Gewicht gelegt worden. Vgl. dazu Thies 3ff., Kohlrausch StGB.[34] § 266 Anm. 1, Schäfer-v. Dohnanyi § 266 I, Olshausen § 266 Note 1, Schwinge-Siebert S. 7ff., sämtlich mit Angaben über die Rechtspr. des RG. im allgemeinen. Von diesem Standpunkt aus, der durch die Neugestaltung des § 266 StGB. (Novelle vom 26. Mai 1933) die Anerkennung des Gesetzgebers gefunden hat, geht es nicht an, mit dem Zeitpunkt der Niederlegung des Amtes oder des sonstigen Ausscheidens aus dem Amt die Möglichkeit strafrechtlicher Haftung aus § 294 zeitlich starr zu begrenzen. Vielmehr muß eine Haftung aus § 294 in bestimmten Grenzen auch für solche die Gesellschaft schädigenden Verhaltensweisen möglich sein, die das ehemalige Vorstandsmitglied nach formaler Beendigung des Amtes begangen hat. Das RG. selbst hat sich diesem Standpunkt immer wieder genähert. RGSt. 36, 72 freilich hat die Frage für § 312 HGB. unentschieden gelassen, aber auf RGSt. 14, 184 und 17, 241 verwiesen, wo die gleichliegende Frage für die Untreue des Vormundes (§ 266 Ziff. 1 StGB. a. F.) behandelt worden ist; aus diesen Entscheidungen, sowie aus der die Entscheidung Bd. 14 S. 184 erläuternden Entscheidung RGSt. 36, 133, ferner aus RGSt. 45, 434 und 47, 428 (Widerruf der Vertretungsbefugnis eines Handlungsreisenden) hat sich denn auch als Meinung des RG. für die hier interessierende Frage die Auffassung ergeben, daß die strafrechtliche Haftung wegen Untreue so lange fortdauere, als auf Grund des das Treueverhältnis begründenden Rechtsverhältnisses (z. B. Vormundschaft) noch Rechtspflichten (z. B. auf Herausgabe) bestehen oder eine Weiterführung der Geschäfte (BGB. §§ 1682, 1893, auch 172 Abs. 2) stattzufinden hat. Damit wird also vom RG. auf das Fortbestehen einzelner bestimmter Rechtspflichten abgestellt und von ihrem **Anm. 11.**

§ 294 Vorhandensein die strafrechtliche Haftung abhängig gemacht. Indessen ist dem RG. (dem sich Frank § 266 II 2, Leipziger Komm. § 266 Note 6, Leopold S. 34, Prieß S. 19 angeschlossen haben) von Olshausen § 266 Note 6b (namentlich auf S. 1453) nicht ohne Grund der Vorwurf der Inkonsequenz gemacht worden. Es geht von der gerade durch das RG. mit begründeten Grundauffassung vom Wesen der Untreue aus nicht an, in der hier interessierenden Frage auf einen Fortbestand bestimmter einzelner Rechtspflichten abzustellen. Vielmehr kann allein die Meinung gelten, daß so lange eine strafbare Untreue aus § 294 in Frage kommt, als noch Reste des eingegangenen Treueverhältnisses bestehen geblieben sind. Ob davon zu sprechen ist, läßt sich nur von Fall zu Fall entscheiden. Wenn also **beispielsweise** das ehemalige Vorstandsmitglied, das inzwischen als Prokurist eingetragen worden ist, Vorstandsgeschäfte einfach deshalb, weil sich der Nachfolger im Vorstandsamte infolge anderweitiger Inanspruchnahme um die Vorstandsgeschäfte nicht kümmert, im Auftrag des letzteren oder auch von sich aus weiter wahrnimmt, so besteht auch die strafrechtliche Haftung aus § 294 fort; eine Heranziehung des § 266 StGB. ist nicht erforderlich (abw. RG. in der oben zu Beginn dieser Anm. erwähnten Entsch. in JW. 1934 S. 696). Ebenso bei vorübergehender Weiterführung der Geschäfte als Vorstand nach Amtsniederlegung mit Zustimmung des Aufsichtsrats (zust. RG. in HRR. 1935 Nr. 1116). Grundsätzlich zustimmend Schlegelberger § 294 Note 4. v. Godin-Wilhelmi § 294 Note II 1 übersehen die Unterschiedlichkeit der Rechtsauffassung in JW. 1934, 696 und HRR. 1935 Nr. 1116.

Anm. 12. 8) Die unter 7) dargelegte Auffassung von dem Wesen der Untreue ist endlich auch für das viel erörterte Problem entscheidend, ob der Täter gerade **in seiner Eigenschaft als Verwaltungsträger der Gesellschaft**, d. h. also unter **Mißbrauch** der ihm eingeräumten **Handlungsbefugnis** (beim Vorstand vor allem **Vertretungsbefugnis**) gehandelt haben müsse. Das **RG.** hat dies **im Hinblick auf § 266 alter F.** stets **verneint** (vgl. RGSt. 61, 1; 62, 20; 65, 334; JW. 1930, 1311). H. Mayer S. 77, 142 hatte die Richtigkeit dieser reichsgerichtlichen Auffassung, wie sie sich aus der Treubruchstheorie (oben Anm. 11) ergeben mußte, gegen Binding und andere gerade mit dem Hinweis auf § 312 HGB. verteidigt: die Haupttätigkeit der in § 312 als Täter mit genannten Aufsichtsratsmitglieder sei eine kontrollierende, keine rechtsgeschäftliche; Signatur der Untreue könne daher jedenfalls für § 312, damit aber auch für den homogenen § 266 StGB. a. F. nicht Mißbrauch einer Vertretungsbefugnis sein. Die Neufassung des § 266 durch die Novelle vom 26. Mai 1933 hat die Rechtsprechung des RG. in der hier berührten Frage legalisiert (vgl. Schwinge-Siebert 12ff.). Um so selbstverständlicher ist es gewesen, auch den **§ 312 HGB.** dahin aufzufassen, daß er gegen jedes schädigende Verhalten Schutz gewähren solle, zu dem dem Vorstandsmitglied oder den sonstigen Täterkategorien ihre Organstellung Anlaß gibt und Möglichkeit bietet, gleichgültig, ob das schädigende Verhalten sich als eigentliche „Verwaltungshandlung" darstellt oder ob es aus diesem Rahmen herausfällt. Das hat das RG. für § 312 in den wichtigen Entscheidungen RGSt. 36, 69; 1 D 505/28 vom 14. 6. 1929; 2 D 1469/34 vom 25. 2. 1935 klar zum Ausdruck gebracht unter Berufung auf die für § 140 Ges. betr. Erw. u. WGen. 1889, bzw. für § 146 GenG. ergangenen Entscheidungen RGSt. 26, 136; 58, 391/2.

Es fragt sich, ob sich gegenüber **§ 294** an der für § 312 entwickelten Rechtsauffassung etwas ändern muß. v. Godin-Wilhelmi § 294 II 2 scheinen dies im Hinblick auf die neue Fassung des Gesetzestextes behaupten zu wollen. In der Tat fällt auf, daß das Gesetz jetzt sagt: „wer **als** Mitglied des Vorstands ...", während § 312 gelautet hat: „Mitglieder des Vorstandes ... werden, **wenn sie** ...". Daß aber mit dieser textlichen Änderung eine inhaltliche Einschränkung des bisherigen Rechtes in Richtung der sonst so völlig überwundenen Mißbrauchstheorie bezweckt sein solle, worauf die Meinung von v. Godin-Wilhelmi hinausläuft, ist durchaus nicht anzunehmen. Die Begründung zu den Strafvorschriften der §§ 294ff. macht in dieser Hinsicht nicht die geringsten Andeutungen. Die Entwicklung der Untreuenorm im gemeinen Strafrecht von § 266 a. F. über den § 266 n. F. (Novelle von 1933) zu dem von der Strafrechtskommission gemachten Gesetzesvorschlag (vgl. Dahm bei Gürtner, Das kommende Strafrecht, Bes. Teil², 1936, S. 450) aber spricht durchaus gegen v. Godin-Wilhelmi; denn es ist klar ersichtlich, daß man dem Untreuetatbestand den Treubruchsgedanken in weitestreichender Auffassung zugrunde legen will; spricht man doch sogar angesichts dieses Treubruchsgedankens (wenn auch im Hinblick auf die seit langem bestehende reichsgerichtliche Rechtsprechung nicht ohne sehr beträchtliche Übertreibung) von einem „revolutionären Einbruch neuer Rechtsgedanken in das alte Tatbestandsdenken" (so Dahm ZGes. StaatsW. 95, 290 und Schäfer-Dohnanyi § 266 I a. E.). Darum wird man nicht fehl gehen, wenn man aus der textlichen Neufassung des § 294 keinerlei Schlüsse auf eine inhaltliche Veränderung des aktienrechtlichen Untreuetatbestandes zieht. Es bleibt mithin dabei, daß der Verwaltungsträger die benachteiligende Handlung nicht gerade in dieser seiner Eigenschaft vorgenommen haben muß. Ebenso Schlegelberger § 294 Note 3, Baumbach § 294 Note 3. Ein Vorstandsmitglied kann sich also etwa auch dann gegen § 294 vergehen, wenn es der Gesellschaft als Vertragsgegner gegenübersteht und sich nun vom Aufsichtsrat Zuwendungen gewähren läßt, die sich nach dem unten Anm. 17ff. Auszuführenden als tatbestandsmäßige Schädigung der Gesellschaft darstellen. Auch durch Stimmabgabe in der Hauptversammlung könnte Untreue im Sinne des § 294 begangen werden. Die aus dem Rahmen der sonstigen Rechtsprechung herausfallende Entsch. in JW. 1932, 2279 ist heute unbedingt als überholt anzusehen. § 294

II. **Das strafbare Verhalten. Rechtswidrigkeit. Schuld.** Anm. 13.

1. **Tatbestandsmäßigkeit.** Unter Strafe gestellt ist (wie in § 312 HGB.) ein „**Handeln zum Nachteil der Gesellschaft**". Die gleiche Formel verwenden, wie schon § 266 Ziff. 1 StGB. a. F., die §§ 146 GenG., 36 HypBankG., 95² BörsenG. u. a. m. Das „Nachteil zufügen" in § 266 StGB. n. F. besagt das Gleiche. Das Gesetz hebt die Art und Weise des schädigenden Verhaltens durch Angabe näherer Merkmale (so früher § 266 Ziff. 2 StGB. a. F., jetzt etwa § 263 StGB.) nicht hervor. **Es genügt also jedes, wie auch immer geartete, „Handeln zum Nachteile" der Gesellschaft.** Diese weite Fassung des § 294 macht aber die Herausarbeitung eines **Grundsatzes** nötig, der dem § 294 eine **vernünftige Anwendung** sichert. Es genügt durchaus nicht, die dem § 294 dringend notwendige „Maßgabe" mit Hilfe der Schuldfrage („vorsätzlich") zu versuchen. Vielmehr ist diese Maßgabe bei der Frage erforderlich, was **tatbestandsmäßig verboten** ist. Diese Frage gehört vor die Schuldfrage; bei ihr ist mithin zunächst einmal im Sinne obiger Problemstellung einzusetzen. Siehe des näheren unten Anm. 20.

a) Daß „zum Nachteil handeln" gleichbedeutend ist mit **„Vermögensbeschädigung"**, darüber herrscht im allgemeinen Einigkeit. Vgl. H. Mayer S. 164, Stenglein § 312 Note 3, Schöllgen S. 15ff., Prieß S. 24, Schwinge-Siebert S. 50ff., RGSt. 49, 364; 53, 173 (auf § 146 GenGes. bezüglich), Schlegelberger § 294 Note 6. Eine Vermögensbeschädigung liegt vor, wenn das Vermögen als der Inbegriff der der Gesellschaft zustehenden Güter von wirtschaftlichem Werte, in seinem Gesamtwert gemindert worden ist. So RGSt. 16, 1; 64, 181; JW. 1935, 2963²⁵. Ob eine solche Minderung eingetreten ist, ist eine wirtschaftliche Frage. Vgl. dazu jetzt insbes. Kohlrausch in der Festschr. f. Schlegelberger 1936, S. 204, 221/2, ferner Dahm bei Gürtner, Das kommende Strafrecht, Bes. T.² S. 461. Beide zeigen, daß ein Abstellen auf den reinen Geldwert der Güter unter Umständen zu unbefriedigenden Ergebnissen führt. Ohne daß der wirtschaftliche Bereich zu verlassen wäre, wird die Rechtsprechung die Grenze des Tatbestandmerkmals „Nachteil" vorsichtig über die finanziell meßbaren, in Geldeswert bestimmbaren Gesellschaftsinteressen und -güter auszudehnen haben. Vgl. unten Anm. 18. Die Strafrechtskommission hat das Problem für den Betrugstatbestand offenbar erkannt und glaubt (vgl. Dahm a. a. O., Kohlrausch S. 222), gerade durch Verdrängung des Wortes „Vermögensbeschädigung" durch das Wort „Nachteil" im künftigen Betrugstatbestand die hier geforderte Linie zu betreten. Für die Untreue aber darf, zumal hier seit jeher (§ 266 StGB. a. F.) auf einen „Nachteil" abgestellt ist, nichts anderes gelten. Interessant RGSt. 71, 344. Anm. 14.

§ 294 Ein unkorrigierbarer Schaden ist nicht zu verlangen (H. Mayer S. 166); späterer Ersatz beseitigt die Tatbestandsmäßigkeit der Handlung nicht (RG. in JW. 03, 326[12]; RGSt. 68, 374). Unredlichen Ausgleich läßt RGSt. 71, 344 nicht genügen.

Anm. 15. b) Für die Frage, ob ein Nachteil im Sinne des § 294 bewirkt ist, ist es wichtig, die Interessen der Gesellschaft, der Aktionäre und der Gläubiger zu trennen. Es ist zu beachten, daß der Tatbestand ausdrücklich von einem „Nachteil der Gesellschaft", nicht auch von einem solchen der Gläubiger oder der Aktionäre spricht. Vgl. Prieß S. 22, RG. in JW. 1934 S. 696. Eine Handlung, die nur zum Nachteil der Gläubiger ausschlägt, ohne das Vermögen der Gesellschaft selbst zu beeinträchtigen, fällt jedenfalls nicht unter § 294. Zu beachten ist auch, daß § 244 KO. den Schutz der Gesellschaftsgläubiger besonders ins Auge gefaßt hat. — Auch zwischen Gesellschafts- und Aktionärsinteresse ist zu scheiden. Wenn ein Vorstandsmitglied, das zugleich im Besitz der Aktienmehrheit ist, sich eine zu hohe Dividende gutschreiben läßt, so schädigt er die Gesellschaft trotz geldlicher Bevorteilung der Aktionärsmehrheit. Prieß S. 23. Vgl. auch RGSt. 23, 315; 42, 278, wo — freilich nicht für AGen. — die Unabhängigkeit der Gesellschaftsinteressen von den Interessen der jeweiligen Inhaber der Gesellschaftsrechte betont ist; RG. 2 D 1225/33 vom 15. 4. 1935 hat diesen Gedanken im Hinblick auf § 312 für die AGen. und damit für das hier erörterte Problem aufgenommen und ausgeführt.

Aus dem Gesagten folgt nicht, daß § 294 einseitig und ausschließlich das „Kapitalinteresse" (H. Mayer S. 201), also das Gesellschaftsvermögen selbst, schützen soll. Dagegen spräche schon Abs. 3! Auch Aktionäre und Gläubiger sollen durch § 294 mit geschützt werden. Auch im Verhältnis zu ihnen sollen sich die Verwaltungsträger als „Treuhänder" fühlen (treffend Prieß S. 22). Aber die Anwendbarkeit des § 294 auf eine in ihrer Vermögenssphäre sichtbar werdende Schädigung setzt immer auch eine Schädigung der Gesellschaft als einer selbständigen Rechtspersönlichkeit voraus.

Anm. 16. c) Dem **positiven Tun** steht das **Unterlassen** selbstverständlich gleich; die Schwierigkeiten bei der letzteren Begehungsform betreffen die Rechtswidrigkeit, d. h. im besonderen die Frage, ob und inwieweit der Täter zu einem den schädigenden Erfolg verhindernden Handeln verpflichtet gewesen ist. Vgl. H. Mayer S. 168ff., Schöllgen S. 13, RGSt. 11, 412 (betr. § 266 Ziff. 2 StGB. a. F.); 41, 300 (betr. § 312 HGB.) und unten Anm. 23. Ein **Kausalitätsproblem** ist mit der Begehungsform der **Unterlassung nicht** gegeben. Vgl. v. Liszt-Schmidt, Lehrbuch 26. Aufl. I S. 161ff., 170ff.

Anm. 17. d) **Beispiele für Vermögensschädigungen:** Sie können bewirkt werden durch Gewinnverteilung auf Grund falscher Bilanz (Brodmann AR. § 312 Anm. 2e); durch satzungswidrige Kreditgewährung an Dritte (RGSt. 61, 1; 61, 211, beide mit Bezug auf § 266 a. F.); dadurch, daß der Vorstand seine Bezüge eigenmächtig falsch festsetzt (RGSt. 62, 361 für § 146 GenG.); dadurch, daß der Vorstand den Aufsichtsrat zu ungebührlich hoher Festsetzung seiner Bezüge veranlaßt; §§ 77, 78 sind zu beachten und geben Richtlinien; bei der Festsetzung der Bezüge wird die Eigenart des Unternehmens und seine gesamte Wirtschaftslage ebenso ins Auge zu fassen sein, wie die Erfahrungstatsache, daß bei Vorstandsmitgliedern für die Vergütung nicht die Arbeitszeit, sondern Befähigung, Arbeitskraft, geschäftlicher Ruf, wirtschaftliche und sonstige Beziehungen, vor allem auch (§ 78!) die für das Unternehmen zu leistenden Aufgaben maßgebend sind. Aus § 78 folgt auch, daß die Unterlassung einer angemessenen Herabsetzung der dem Vorstand gewährten Bezüge entgegen den Erfordernissen der Wirtschaftslage der AG. eine Vermögensschädigung sein kann. Kreditgewährungen, die entgegen den Bestimmungen des § 80 erfolgen, können ebenfalls unter § 294 fallen (ebenso Schlegelberger § 80 Note 15). Auch ein verbotswidriger Erwerb eigener Aktien (§ 65) kann hierher gehören. Ob eine unrichtige Buchung dem Tatbestand des § 294 entspricht, hängt davon ab, ob dadurch Vermögenswerte (z. B. Forderungen) in ihrem wirtschaftlichen Werte beeinträchtigt werden; eine solche Beeinträchtigung kann schon darin gesehen werden, daß bis zur Richtigstellung oder Aufklärung der Gesellschaft die Verfügung über Vermögenswerte unmöglich gemacht wird oder daß die Gefahr unzulässiger Auszahlungen nach Maßgabe der unrechtmäßigen Buchung besteht (vgl. RGSt. 61, 78, JW. 1929, 1054, JW. 1934, 2151; Schlegelberger § 294 Note 6; abweichender Meinung Grünhut S. 122, RGSt. 62, 135/6 [zu § 266 StGB. a. F.: „verfügen"; aber auch insofern durchaus bedenklich]). Eine Gesamtbelastung des Vermögens, die unter § 266 StGB. a. F. niemals hat fallen können (Frank § 266 III, Leipziger Komm. § 266 Note 16, Draheim S. 49, RGSt. 10, 72; 13, 376), von § 266 n. F. aber entschieden erfaßt wird (Schäfer-v. Dohnanyi § 266 III A 2), kann zweifellos eine Benachteiligung im Sinne des § 294 darstellen. § 294

Eine Vermögensminderung kann durch entsprechende Gegenwerte möglicherweise ausgeglichen werden. Bei einer das Vermögen gleichzeitig mindernden und mehrenden Handlung kommt es auf das Gesamtergebnis an. RGSt. 49, 364. Dabei sind auch Werte, wie Ansehen und Kredit (vgl. dazu oben Anm. 14!), mit in Ansatz zu bringen. Jedoch ist ein erschlichener schwindelhafter Kredit, ein unberechtigtes Ansehen nicht geeignet, eine Vermögensminderung, die zu ihrer Erlangung herbeigeführt worden ist, auszugleichen. So RGSt. 49, 364; vgl. auch 71, 344. Entgangener Gewinn ist nur dann als Nachteil anzusprechen, wenn auf seine Erlangung ein rechtsbegründeter Anspruch bestanden hat oder wenn die Erlangung bei erfahrungsmäßigem wirtschaftlichen Ablauf der Dinge mit solcher Sicherheit zu erwarten war, daß im Hinblick hierauf schon eine Steigerung des Gesamtvermögenswertes eingetreten war, die nunmehr durch die zum Entgehen des Gewinns führende Handlung rückgängig gemacht wird. Mit dieser Maßgabe ist dem RG. 23, 57; 26, 241; 27, 43; 41, 375; 60, 421 zuzustimmen. Vgl. dazu auch Schöllgen S. 19, Prieß 23, 24, Goldschmit AR. 193. **Anm. 18.**

e) Die Frage, ob eine **Vermögensgefährdung** schon als Vermögensbeschädigung im Sinne des § 294 angesehen werden darf, ist unter der Voraussetzung zu bejahen, daß „das Vermögen durch die Gefährdung schon gegenwärtig in seinem Werte vermindert scheint" vgl. RGZ. 129, 272; JW. 1926, 586). Zu beachten ist aber, daß möglicherweise die Gefahr dem Eintritt eines aus der Maßnahme des Verwaltungsträgers folgenden Gewinns weicht; dann wird das Verhalten im Hinblick auf seine Gesamtwirkung (vgl. oben Anm. 18) nicht als nachteilig anzusprechen sein. **Anm. 19.**

f) Damit ist schon das Problem der **riskanten Geschäftsführung** berührt, d. h. die Frage: Inwieweit dürfen Verwaltungsträger Geschäfte tätigen, die mit einem vielleicht erheblichen Risiko verbunden sind und deren Ausgang zunächst durchaus nicht abzusehen ist? Die Frage ist gerade für den Fall eines ungünstigen, also nachteiligen Ausganges wichtig. Das Problem ist früher überhaupt nicht gesehen worden; in Einzelfällen hat man ganz unzulänglich auf die Schuldfrage abgestellt, ohne sich klar darüber zu sein, daß eine Erörterung der Schuldfrage nur unter der Voraussetzung tatbestandsmäßiger Rechtswidrigkeit des Verhaltens in Betracht kommt und daß im Vordergrunde des Interesses gerade die Frage steht, ob der Verwaltungsträger im Augenblicke seines Tätigwerdens, ohne mit § 294 in Konflikt zu geraten, so hat handeln **dürfen**, wie er es bei dem Abschluß des riskanten und schließlich nachteilig auslaufenden Geschäftes getan hat. In dieser Gestalt ist das Problem erstmalig (im Herbst 1932) vom Verfasser dieser Zeilen in seiner Bearbeitung der §§ 312ff. in Staub[14], gleichzeitig auch in der von ihm angeregten und betreuten Hamburger Dissertation von D. Prieß (abgeschlossen am 15. Dez. 1932) erfaßt und bearbeitet worden. Bald darauf haben Schwinge-Siebert S. 44ff. (ihr Buch erschien im Spätsommer 1933), offenbar ohne die vom Verfasser dieser Zeilen bearbeitete 14. Auflage des Kommentars von Staub und die darin erfolgte völlige Neugestaltung der Erläuterungen zu § 312 zu kennen (vgl. S. 46 Anm. 28!), dem Problem ganz die gleichen Seiten abgewonnen. Erfreulicherweise ist dann auch das RG. in der ausgezeichneten Entscheidung vom 10. Mai 1935 (RGSt. 69, 203) zu einer gleichen Behandlung gelangt. Im Schrifttum sind Schäfer-v. Dohnanyi § 266 III B, Schlegelberger § 294 Note 7 der neuen Lehre gefolgt. v. Godin-Wilhelmi § 294 Note 3 dagegen haben die Bedeutung dieser Lehre und den Sinn der Entscheidung RGSt. 69, 203 verkannt, indem sie wieder die ganze hier entscheidende Frage methodisch und sachlich verfehlt als Vorsatz- **Anm. 20.**

§ 294 problem behandeln. Hiervon abgesehen, besteht heute Einigkeit darüber, daß es sich bei der Allgemeinlösung des Problems der riskanten Geschäftsführung darum handelt, die **Reichweite des „Tatbestandes" des § 294 nach materiell richtigen Gesichtspunkten abzugrenzen** (vgl. oben Anm. 13 a. E.). Es genügt also nicht, die Frage der Tatbestandsmäßigkeit im Hinblick auf den Wortlaut des § 294 bei jeder sich nachteilig auswirkenden Handlung eines Verwaltungsträgers zu bejahen, um sodann mittels eines „Rechtfertigungsgrundes" (etwa bindender Beschluß der Hauptversammlung [RGSt. 49, 365], rechtskräftiges Urteil u. dergl.) die Rechtswidrigkeit zu beseitigen oder, was noch verfehlter wäre, die Schuld durch Ablehnung des „Vorsatzes" wegzuargumentieren. Diese Behelfe bleiben für die Fälle bestehen, wo die Tatbestandsmäßigkeit im Sinne des § 294 nach Maßgabe der hier zu ermittelnden Reichweite der in § 294 enthaltenen Norm wirklich gegeben ist. Um aber diese zunächst einmal zu bestimmen, ist § 294 unter Heranziehung der §§ 84, 99, 209 Abs. 3 genauer auszulegen; denn diese Bestimmungen enthalten eine ganz allgemeine Richtlinie für die Feststellung, wann das Verhalten eines Verwaltungsträgers richtig und einwandfrei ist. Da aber richtiges, einwandfreies Handeln unter gar keinen Umständen Strafe nach sich ziehen kann, so muß man für die Auslegung des § 294 zu folgendem **Ergebnis** gelangen: **ein tatbestandsmäßiges Handeln im Sinne des § 294 liegt, auch wenn eine Vermögensminderung eingetreten ist, nicht vor, wenn die Verwaltungsträger mit der Sorgfalt eines ordentlichen und gewissenhaften Geschäftsleiters zu Werke gegangen sind.** Damit wird ein **normativer, nicht** ein **subjektiver Gesichtspunkt** zur Ausfüllung der Wertformel des § 294 herangezogen. RGSt. 69, 206, Schwinge-Siebert S. 44ff., Schäfer-v. Dohnanyi § 266 III B, Schlegelberger § 294 Note 7 verfahren in gleicher Weise, um, wie sie sich ausdrücken, „die Pflichtwidrigkeit der Handlung" in gebührender Weise zu berücksichtigen. Das ist ganz richtig, wenn man dabei nicht übersieht, daß es sich um die objektiv zu bestimmenden Pflichten ordentlicher Geschäftsleiter im Hinblick auf die konkreten wirtschaftlichen Situationen und somit um die Frage der objektiven Werthaftigkeit der Handlung handelt und nicht um die zur Schuld gehörende Frage, was diesen Geschäftsleitern subjektiv im Augenblick des Handelns an Einsicht in das objektiv Richtige zugemutet werden durfte. Treffend haben denn auch Schwinge-Siebert S. 46, Schäfer-v. Dohnanyi a. a. O. das Gegebensein der „Pflichtwidrigkeit" zur Voraussetzung für die (tatbestandsmäßige) Rechtswidrigkeit des Verhaltens gemacht; und ebenso richtig unterscheidet das RG. (S. 207) von der „Pflichtwidrigkeit" als einem „unentbehrlichen Merkmal des äußeren (!) Tatbestandes der Untreue", das „Bewußtsein des Täters von der Pflichtwidrigkeit" als ein „unentbehrliches Merkmal des inneren Tatbestandes", womit, wie der hiermit verbundene Hinweis auf den bedingten Vorsatz zeigt, nichts anderes als die Schuld in der Form des Vorsatzes gemeint ist.

Mit der im Vorstehenden durchgeführten Auslegung des § 294 ist die Möglichkeit geschaffen, in allen kritischen Fällen (vgl. unten Anm. 21) zu sachgemäßen Entscheidungen zu gelangen. So ausgelegt, wird § 294 gesunden Unternehmungsgeist nicht beengen und durchaus nicht alle riskanten Geschäfte unmöglich machen; aber fragwürdigen Schiebungen wird ebenso vorgebeugt, wie hemmungslosen Spekulationen. Daß mit dem oben entwickelten normativen Interpretationsgesichtspunkt, wie er aus den §§ 84, 99, 209 Abs. 3 hergeleitet ist, für den einzelnen Fall keine fertigen Entscheidungsobersätze gegeben sind, sondern nur das **regulative Prinzip** zur Verfügung gestellt ist, mit dessen Hilfe sich der Richter nun **unter sorgsamster Berücksichtigung aller für die Werthaftigkeit der Handlung irgendwie bedeutsamen Umstände des konkreten Einzelfalls** den Obersatz für seine Einzelfallentscheidung rechtsschöpferisch erarbeiten muß, das sollte heute die Anerkennung unseres Grundsatzes nicht hindern. Grundsätze solcher Art sind geläufige Erscheinungen auch im Strafrecht; den Gesichtspunkten einer materiellen Rechtsfindung kann etwas anderes nicht entsprechen. Vgl. dazu Eb. Schmidt ZStrafrW. 49, 370ff., Mitteil. der JKV., Neue Folge 5, 131ff., Juristisches Denken und Politik (Hamburger Rektoratsrede) 1933; ferner v. Liszt-Schmidt, Lehrb. 26. Aufl. I S. 183 sowie die in

Anm. 9 daselbst Zitierten. Das Wesentliche ist, daß der hier gewonnene Grundsatz in den fraglichen Fällen eine Entscheidung über die objektive Rechtmäßigkeit ermöglicht. **§ 294**

Ein Tasten nach einem Auslegungsgrundsatz der erwähnten Art ist in RGSt. 49, 365, JW. 1931, 794, ferner bei H. Mayer S. 181, 206 zu spüren gewesen. Ganz unsicher Rabben S. 29/30, Schöllgen S. 20ff.

Der Versuch von D. Prieß (39ff., 41), das Wort „absichtlich" in § 312 HGB. als „subjektives Unrechtselement" zu deuten (vgl. Sieverts, Beiträge zur Lehre von den subjektiven Unrechtselementen, Hamburger Rechtsstudien Heft 19, 1934) und darauf die in Übereinstimmung mit den oben entwickelten Grundsätzen gewonnenen Ergebnisse zu stützen, ist schon in bezug auf § 312 bedenklich gewesen; gegenüber § 294 muß er versagen, da hier das Wort „absichtlich" nicht wiederkehrt.

Folgerungen aus dem in Anm. 20 entwickelten Grundsatz: Er soll, wie schon bemerkt, ermöglichen, unter Berücksichtigung aller Umstände des Falles eine individualisierende, materiell richtige, vernünftige Entscheidung zu finden. Also: Verwendung von Gesellschaftswerten zu Spielzwecken verträgt sich selbstverständlich niemals mit den Gepflogenheiten eines ordentlichen und gewissenhaften Geschäftsleiters. Eine Spekulation in Börsenwerten kann dagegen durchaus mit diesen Gepflogenheiten übereinstimmen. Aus dem Grundsatz der Anm. 20 folgt zugleich, inwieweit Ausgaben gemacht werden dürfen, denen überhaupt nicht oder jedenfalls nicht alsbald ein verwertbarer Gegenwert nachfolgt: z. B. kostspielige Reklamen, Reisen, Beteiligung an Ausstellungen, Experimente, Ankauf eines anderen Geschäfts für einen den Wert übersteigenden Preis, um den lästigen Wettbewerb dieses Geschäfts zu beseitigen, Verkauf von Waren unter dem Marktpreis zur Unterbietung des Wettbewerbs. Unter dem gleichen Gesichtspunkt löst sich die Frage, inwieweit Freigebigkeiten durch § 294 verboten sind: Stiftungen zu wissenschaftlichen oder zu Wohlfahrtszwecken, Befriedigung nicht anzuerkennender Ansprüche zum Zwecke der Hebung des Gesellschaftsansehens, Veranstaltung eines Richtfestes bei Erbauung eines neuen Fabrikgebäudes, festliche Ausgestaltung von Gefolgschaftsfeiern am Tage der nationalen Arbeit (vgl. § 10 ArbOrdnGes.), Verschönerung der Arbeitsstätten, Gewährung von Sondervergütungen an die Gefolgschaft, von Unterstützungen bei Erkrankungen und Unglücksfällen, von Gnadengehältern an Witwen von Angestellten, Anschaffung eines Kranzes bei Beerdigung eines Angestellten, Illuminierung des Gesellschaftsgebäudes bei vaterländischen Festen. In allen solchen Fällen hat es gar keinen Sinn, die entstandene Vermögensminderung als durch irgend einen ideellen Gewinn ausgeglichen ansehen und auf diese Weise die Tatbestandsmäßigkeit des Verhaltens wegargumentieren zu wollen. **Trotz** Herbeiführung einer **Vermögensminderung** ist hier vielmehr das **Verhalten nicht tatbestandsmäßig im Sinne des § 294, wenn** im Hinblick auf die Gesamtvermögenslage, die Gesellschaftszwecke, die Rolle der Gesellschaft im sozialen Leben, das Verhältnis der Gesellschaft zu den Angestellten, die herrschenden Anschauungen über die soziale Richtigkeit und Vernünftigkeit bestimmter Aufwendungen usw. **gesagt werden darf, daß ein ordentlicher und gewissenhafter Geschäftsleiter so zu handeln sich nicht zu scheuen brauchte.** **Anm. 21.**

Ein den hier entwickelten Grundsätzen entsprechendes Verhalten wird nicht notwendig dadurch zu einem tatbestandsmäßig rechtswidrigen, daß es gegen die Satzung oder gegen einen Beschluß der Hauptversammlung verstößt. Der Satz des RGZ. 43, 35: „Was statuten- und gesetzwidrig ist, wird dadurch nicht zulässig, daß es nützlich oder sozial geboten ist" steht mit der heutigen Auffassung des RG. von der sog. „materiellen Rechtswidrigkeit" nicht mehr in Einklang (RGSt. 61, 242). Freilich werden im Falle statutenwidrigen, und noch mehr im Falle gesetzwidrigen Verhaltens ganz besondere und sehr eindeutig für die „Richtigkeit" des Verhaltens sprechende Umstände gegeben sein müssen, wenn die tatbestandsmäßige Rechtswidrigkeit einer Vermögensminderung im Sinne des § 294 soll verneint werden können.

2) a) **Rechtswidrigkeit.** Ist nach den zu 1) entwickelten Grundsätzen (Anm. 13 bis 21) unter Berücksichtigung des in Anm. 20 dargestellten normativen Tatbestandselements **Anm. 22.**

§ 294 die Tatbestandsmäßigkeit des Handelns im Sinne des § 294 ermittelt, so kann die Rechtswidrigkeit immer noch durch einen **Rechtfertigungsgrund** ausgeschlossen sein. In dieser Hinsicht gelten durchaus die allgemeinen strafrechtlichen Grundsätze. Vgl. v. Liszt-Schmidt, Lehrbuch 26. Aufl. I §§ 32 bis 35, Eb. Schmidt, Militärstrafrecht 1936, §§ 23, 24 (vgl. dort § 23 Anm. 4). Beispiele: Selbsthilfe, Notstand (BGB. §§ 228, 904), Geschäftsführung ohne Auftrag usw. Daß sich ein Verwaltungsträger mit einer auf ihn ausgeübten Einflußnahme im Sinne des § 101 Abs. 1 nicht zu rechtfertigen vermag, bedarf keiner Begründung, ergibt sich aber auch aus Abs. 2. Dagegen ist die rechtspflichtgemäße Anmeldung des Konkurses (§ 83 Abs. 2) niemals eine rechtswidrige Verhaltensweise (vgl. dazu H. Mayer S. 176). Schwierige Fragen können entstehen, wenn Interessen des Verwaltungsträgers mit denen der Gesellschaft in Widerstreit geraten. Auszugehen ist hier von der Treuepflicht des Verwaltungsträgers der Gesellschaft gegenüber. Im allgemeinen werden also die Gesellschaftsinteressen den Vorrang vor den privaten Interessen des Verwaltungsträgers haben; Wahrung der letzteren durch eine vermögenmindernde Schädigung der ersteren wird also nicht statthaft sein. Aber im Einzelfall kann es auch anders liegen: Einfordern des Gehalts, Geltendmachen von Gläubigerrechten (H. Mayer S. 177), Wettbewerb im Rahmen dessen, was nach § 79 zulässig ist, sind keine rechtswidrigen Handlungen. Vgl. im allgemeinen RGSt. 49, 364ff. Als Aktionäre haben die unter I bezeichneten Personen kein Recht zu beliebiger, die Gesellschaft schädigender Stimmabgabe; ihre Ämter legen ihnen Pflichten auf, Schädigungen der Gesellschaft hintanzuhalten. Auch dann, wenn der Vorstand sämtliche Aktien besitzt, ist ein rechtswidriges Handeln im Sinne von § 294 nicht ausgeschlossen (vgl. RGSt. 42, 283 für die GmbH.). Danach kann das Delikt des § 294 auch von dem Vorstand einer Einmanngesellschaft begangen werden; Schlegelberger § 2 Note 15, GoldschmitAG. Anm. 13; RGSt. 42, 283, JW. 1929, 1034.

Anm. 23. b) Besteht das schädigende Verhalten in einem **Unterlassen** (vgl. oben Anm. 16), so kommt tatbestandsmäßiges und somit auch rechtswidriges Verhalten nur in Frage, wenn für den Täter eine **Rechtspflicht zur Abwendung des Vermögensschadens** bestanden hat. Für die Verwaltungsträger dürfte eine sehr weitgehende Pflicht dieser Art gegeben sein. Auch das folgt aus den §§ 84, 99, 209 Abs. 3. Maßgebend ist also auch hier der in Anm. 20 entwickelte Grundsatz in dem Sinne, daß er anzeigt, welche Gesichtspunkte für die Verpflichtung zu einem schadenabwendenden Tätigwerden im Interesse der Gesellschaft entscheidend sind. An der erforderlichen Elastizität, die gerade hier wichtig ist, fehlt es jenem Grundsatz gewiß nicht. Vgl. über die Erfolgsabwendungspflicht im allgemeinen und die Methode einer auf die Besonderheiten des Einzelfalles abstellenden Bestimmung ihres Inhaltes („konkret beinhaltete Pflicht") Mezger, Strafrecht (Lehrbuch), 2. Aufl. 1933, S. 138ff.; im gleichen Sinne für Individualisierung sehr bestimmt v. Liszt-Schmidt, Lehrb. 26. Aufl. I S. 191/2; neuerdings Drost, Gerichtssaal 109, S. 25 (vielfach gegen Schaffstein, Gegenwartsfragen der Strafrechtswissenschaft 1936 S. 70ff.). Auch die (von Drost S. 18 in ihrer methodischen und sachlichen Bedeutung unzureichend gewürdigte) Entscheidung RGSt. 64, 276, besonders dann aber die Entscheidungen RGSt. 69, 324; 70, 45, 225 sind durchaus von der gleichen Tendenz einer materiellen, individualisierenden Betrachtungsweise beherrscht.

Folgerungen: Aus dem oben Gesagten folgt die Rechtspflicht der unter I Genannten, von einer die Gesellschaft schädigenden Handlung anderer Organe den zum Eingreifen befugten Verwaltungsträgern zwecks Schadenverhütung Mitteilung zu machen. Hat ein im Aufsichtsrat Überstimmter gegen den Mehrheitsbeschluß rechtliche, vielleicht gar strafrechtliche Bedenken, so hat er die Rechtspflicht, den Eintritt von Schädigungen durch Mitteilung an den Vorstand abzuwenden. Welchen Verwaltungsträger im einzelnen die konkrete Schadenabwendungspflicht trifft, bestimmt sich nach der vom Gesetz vorgenommenen Verteilung der Funktionen. Führt z. B. die Weiterzahlung der dem Vorstand vertraglich zugesagten Gesamtbezüge zu einer als „schwere Unbilligkeit" sich darstellenden Minderung des Gesellschaftsvermögens, so ist nach § 78 Abs. 2 der Aufsichtsrat dasjenige Organ, das zur Abwendung des Schadens tätig zu werden hat; den Vorstand trifft eine Pflicht, auf die Herabsetzung der Bezüge hinzuwirken, in diesem Falle nicht. § 294

3) **Schuld.** Nach § 294 muß der Täter **„vorsätzlich"** gehandelt haben. Das Gesetz hat damit die zu § 312 HGB. entwickelte Lehre, die das dort verwendete Wort „absichtlich" im Sinne von Vorsatz, einschließlich dolus eventualis, gedeutet hatte (RGSt. 61, 214, JW. 1934, 696 auf Grund ständiger Rechtsprechung), nunmehr deutlich anerkannt. Die in Anm. 20 entwickelten Grundsätze für die Auslegung des Tatbestandes des § 294 lassen die Einbeziehung des dolus eventualis nicht nur als ungefährlich, sondern als durchaus billig erscheinen und zerstreuen die Bedenken, die früher (zu § 312 HGB.) von H. Mayer S. 181 Note 55, 206 Note 30, 307 und anderen geltend gemacht worden sind. Heute dürfte denn auch nicht daran zu zweifeln sein, daß bedingter Vorsatz ausreicht. Vgl. Schlegelberger § 294 Note 8, v. Godin-Wilhelmi § 294 Note 3, Baumbach § 294 Note 2, Teichmann-Koehler § 294 Note 3. Mit Recht wird aber vom RG. immer wieder betont, wie wichtig es gerade hier ist, bedingten Vorsatz und bewußte Fahrlässigkeit aufs sauberste zu trennen. Beiden Schuldformen ist gemeinsam, daß der Täter mit der Möglichkeit des Erfolgseintritts rechnet. Soll nun bedingter Vorsatz angenommen werden, so muß der Täter überdies den Erfolg gebilligt haben. Der Entwurf der Strafrechtskommission (Gürtner, Das kommende Strafrecht, Allg. Teil 2 S. 70) bestimmt in diesem Sinne den bedingten Vorsatz folgendermaßen: „Vorsätzlich handelt auch, wer es zwar nur für möglich hält, aber doch in Kauf nimmt, daß er den Erfolg herbeiführt und damit Unrecht tut oder gegen ein Gesetz verstößt." Diese Formulierung zeigt zugleich, und zwar durchaus auch schon für das geltende Recht, daß sich der Vorsatz auch auf das Unrecht der Tat beziehen muß (sog. **Bewußtsein der Rechtswidrigkeit**). Das bedeutet für § 294 vor allem: Der Täter muß sich bewußt sein (oder doch billigend in Kauf nehmen), daß er die Grundsätze einer ordentlichen und gewissenhaften Geschäftsleitung außer acht läßt. Feststellungsschwierigkeiten werden in dieser Beziehung häufig da auftreten, wo der Täter im ausgesprochenen Interesse der Aktionärsmehrheit gehandelt (er war vielleicht selbst Mehrheitsaktionär) und überdies die Zustimmung der übrigen Verwaltungsträger gefunden hat. Daß er sich in solchem Falle des tatsächlichen Auseinanderfalls der Gesellschafts- und der Aktionärsinteressen bewußt gewesen ist und erkannt hat, daß vom Standpunkt gewissenhafter, an den Gesellschaftsinteressen orientierter Geschäftsleitung seine Maßnahme nicht einwandsfrei ist, das bedarf hier sorgfältiger Feststellung, soll eine Verurteilung aus § 294 gerechtfertigt sein (Entsch. des RG. 2 D 1225/33 vom 15. April 1935). Vgl. zum Ganzen die durchaus übereinstimmenden Entscheidungen RGSt. 61, 211; 66, 261; 69, 205; dazu Schlegelberger § 294 Note 8. Anm. 24.

Inwieweit **Entschuldigungsgründe**, die den Vorsatz ausschließen, in Frage kommen, richtet sich nach allgemeinen strafrechtlichen Gesichtspunkten. Wichtig ist besonders der **Irrtum** (StGB. § 59), sei es der Irrtum über die schädigende Wirkung der vom Täter vorgenommenen Maßnahme, sei es der Irrtum über die Grundsätze einer ordentlichen und gewissenhaften Geschäftsleitung. Dieser letztere Irrtum ist kein Tatsachenirrtum, sondern ein solcher über Rechtsgrundsätze. Er wird sich also in Richtung des Unrechtsbewußtseins auswirken. Das ist für **das kommende Strafrecht** deshalb von sehr großer Bedeutung, weil nach ihm (vgl. Gürtner a. a. O. S. 71) ein Irrtum über das Unrechte der Tat „unbeachtlich" ist (d. h. also den Vorsatz unberührt läßt), „wenn er auf einer Einstellung beruht, die mit der gesunden Volksanschauung über Recht und Unrecht unvereinbar ist" (Kohlrausch, ZStrafrW. Bd. 55 S. 391, 2. Ergänzungsband des HdwörterbdR. 1936 S. 366, hat für diese Erscheinung den treffenden Ausdruck „Rechtsblindheit" geprägt). Ein Verwaltungsträger kann sich hiernach nicht darauf berufen, daß nach seiner Auffassung von dem Wesen einer ordentlichen und gewissenhaften Geschäftsleitung sein Verhalten einwandfrei gewesen ist, wenn feststellbar ist: 1. daß in den Kreisen anständiger, ehrbarer, gewissenhafter Geschäftsleute tatsächlich darüber anders gedacht Anm. 25.

§ 294 wird, 2. von dem Täter hat erwartet werden dürfen, daß er sich mit diesen Anschauungen vertraut macht und nach ihnen richtet. Anders, wenn der Täter nur aus einem im konkreten Fall ihm untergelaufenen Mangel an pflichtgemäßer Sorgfalt verkannt hat, daß er Unrecht tun, d. h. also gegen die (auch von ihm selbst im allgemeinen ganz richtig beurteilten) Grundsätze ordentlicher und gewissenhafter Geschäftsleitung verstoßen werde. Hier liegt im Gegensatz zu der oben erörterten „Rechtsblindheit" eine sog. Rechtsfahrlässigkeit vor. Sie ist heute ohne rechtliche Bedeutung, führt also nicht zur Bestrafung. Nach künftigem Recht aber wird die Rechtsfahrlässigkeit generell (also auch für die Fälle, wo das fahrlässige Handeln nicht mit Strafe bedroht ist) mit einer Sonderstrafe (Gefängnis bis zu 2 Jahren oder Haft) bedroht sein (vgl. die Wiedergabe der Entwurfsbestimmung bei Gürtner a. a. O. S. 71). Die Grenze zwischen Rechtsblindheit und Rechtsfahrlässigkeit zu ziehen, wird im künftigen Recht oft eine sehr schwierige Sache sein. Vgl. den Versuch von Ursula Schücking, Zur Behandlung des Verbotsirrtums im kommenden Strafrecht, Leipziger Diss. 1937.

Anm. 26. III. Wegen der **Straflosigkeit des Versuchs** im geltenden Recht vgl. oben vor § 294 Anm. 3.

Anm. 27. IV. **Zusammentreffen mit anderen Strafrechtssätzen:**

1) Daß § 294 lex specialis gegenüber § 266 StGB. ist, darüber vgl. oben I 1 (Anm. 1).

2) Mit §§ 242, 246, 263 StGB. ist nach richtiger herrschender Lehre Idealkonkurrenz (§ 73 StGB.) möglich. Schlegelberger § 294 Note 11. — In der Begehung einer Untreuehandlung gemäß § 294 kann eine Verwirklichung des § 240 Ziff. 1 KO. niemals gesehen werden; tateinheitliches Zusammentreffen kommt also nicht in Frage. So RG. in HRR. 1937 Nr. 491.

3) Mehrere Untreuehandlungen können untereinander selbstverständlich eine Tatmehrheit im Sinne des § 74 StGB. bilden, wie Tatmehrheit auch im Hinblick auf solche Handlungen gegeben sein kann, die teils unter § 294, teils unter § 266 StGB. fallen. Fraglich ist, ob im letzteren Falle auch Fortsetzungszusammenhang angenommen werden kann. Das hat RG. in JW. 1934 S. 696 (= DRZ. 1934 Nr. 189, HRR. 1934 Nr. 616) verneint. Abweichend jedoch RG. 1 D 1180/34 vom 18. Okt. 1935. Die Bejahung der Frage dürfte heutiger Rechtsauffassung in der Tat mehr entsprechen. Zwischen Handlungen, die vor dem 1. Okt. 1937 unter § 312 HGB., nach diesem Termin unter § 294 fallen, ist Fortsetzungszusammenhang unbedingt möglich. Vgl. dazu unten Anm. 30.

Anm. 28. C. **Strafen.**

I. 1) Die **Grundstrafe** (§ 294 Abs. 1). Im Gegensatz zu § 312 HGB. droht § 294 ausschließlich Gefängnisstrafe (von einem Tage bis zu 5 Jahren: § 16 StGB.) an. Zu beachten ist aber, daß StGB. § 27a im Falle von „Gewinnsucht" („Steigerung des Erwerbssinnes auf ein ungewöhnliches, ungesundes, sittlich anstößiges Maß": RGSt. 60, 306, 389; v. Liszt-Schmidt 26. Aufl. I S. 427) Geldstrafe bis zu 100 000 RM. zuläßt, bei deren Bemessung §§ 27c, 28 zu berücksichtigen sind.

2) **§ 27b StGB.,** dessen Anwendbarkeit bei § 312 HGB. ausgeschlossen gewesen ist, kann bei § 294 zum Zuge kommen, da es sich hier nunmehr um ein Vergehen handelt, für das „an sich eine Geldstrafe überhaupt nicht angedroht ist".

3) **Aberkennung der bürgerlichen Ehrenrechte** gemäß § 294 Abs. 2 setzt voraus, daß die erkannte Gefängnisstrafe mindestens 3 Monate beträgt: § 32 Abs. 1 StGB.

Anm. 29. II. **Abweichungen von der Grundstrafdrohung.**

1) **„Mildernde Umstände",** wie § 312 Abs. 3 HGB. sie berücksichtigt hat, sind in § 294 als Strafmilderungsgrund mit der Wirkung einer Strafrahmensenkung nicht in Rechnung gestellt, können sich also nur noch innerhalb des Grundstrafrahmens (oben I 1, Anm. 28) und auf dem Wege über § 27b (oben I 2, Anm. 28) auswirken.

2) **„Besonders schwere Fälle".** § 294 Abs. 3 stimmt mit HGB. § 312 Abs. 4 überein. Daß die Untreue des § 294 auch in besonders schweren Fällen trotz der dafür angedrohten Zuchthausstrafe ein „Vergehen" bleibt, ist oben vor § 294 in Anm. 2 ausgeführt.

Was unter „besonders schweren Fällen" zu verstehen ist, sagt das Gesetz allgemein nicht. Schädigung des Volkswohls, besonders große Schadensfolge, besonders arglistiges Handeln sind nur beispielhafte, richtungweisende Gesichtspunkte. Sie deuten teils auf objektive, teils auf subjektive Momente hin. Da der besonders schwere Fall zu einer erheblichen Strafverschärfung führt, unser Strafrecht aber schon heute nach den Grundsätzen eines Willens- oder Täterstrafrechts jede Strafverschärfung von entsprechender Schuldsteigerung abhängig macht (vgl. auch den Entwurf der Strafrechtskommission: „Die Strafe soll nach Art und Maß der Schuld des Täters entsprechen"), so wird man überall da von einem besonders schweren Fall zu sprechen haben, wo die Täterpersönlichkeit unter dem Gesichtspunkt ihrer sozialen Werthaftigkeit durch objektive oder subjektive, mit der Tat zusammenhängende Momente in einer ganz besonders schwerwiegenden Weise belastet erscheint. Auch die im Gesetz beispielsweise genannten objektiven Momente (Schädigung des Volkswohls, besonders großer Schaden) werden nur insofern heranzuziehen sein, als ihr Gegebensein im Einzelfall die Täterpersönlichkeit belastet. Dazu wird nötig sein, daß für den Täter wenigstens die Möglichkeit bestanden hat, an solche Folgen seines Tuns zu denken. Reine Zufallsfolgen werden bei der Bewertung einer Tat als eines besonders schweren Falles außer Ansatz bleiben müssen. (Vgl. auch den von der Strafrechtskommission formulierten Grundsatz der Strafbemessung bei Gürtner a. a. O. S. 175.) Hierzu RG. in JW. 1935, 2054; 1936, 1677 und zustimmend Schlegelberger § 294 Note 10. § 294

III. Die Veränderungen im Straffatz des § 294, verglichen mit § 312 HGB., zeigen, daß **§ 312 HGB. im Verhältnis zu § 294 das mildere Gesetz** ist. Eine Rückwirkung des § 294 auf die vor dem 1. Okt. 1937 (EGAktGes. § 1 Abs. 1) begangenen Untreuehandlungen ist ausgeschlossen: § 2a StGB. Streitig ist, wie im Falle einer vor dem 1. Okt. 1937 einsetzenden, aber erst nach diesem Zeitpunkt abgeschlossenen Fortsetzungstat das anzuwendende Gesetz zu bestimmen ist. RGSt. 62, 5/6 (dort weitere Mitteilungen über die Rechtspr. des RG.) steht auf dem Standpunkt, daß die einheitliche Tat als Ganzes erst mit ihrem Abschluß „begangen" ist, daß also nur das beim Abschluß geltende Gesetz anzuwenden ist und somit die Grundsätze über die Verschiedenheit der Gesetze im Sinne des § 2a StGB. gar nicht zur Anwendung gelangen können. Den Fortsetzungszusammenhang will RG. also durch den Gesetzgebungswechsel nicht unterbrechen lassen; in dieser Hinsicht hat Kohlrausch StGB.[23] § 2a Note 3 und wohl auch Mezger, Lehrbuch[2] S. 465 das RG. falsch verstanden. Dem RG. hat zugestimmt Frank[18] § 74 V (S. 243); v. Hippel, Deutsches Strafrecht II (1930) S. 544 Note 5. Abweichend Lobe, Leipziger Kommentar[4] § 2 III, v. Liszt-Schmidt, Lehrbuch I 26. Aufl. S. 353 Note 1. **Anm. 30.**

D. **Sichernde Maßnahmen.** Hinzuweisen ist hier nur auf StGB. § 42 l (Untersagung der Berufsausübung). Die Anwendung dieser Maßnahme kann in der Weise erfolgen, daß dem Verurteilten die Übernahme und Ausübung von Geschäftsleitungsposten untersagt wird. **Anm. 31.**

§ 295

§ 295

Falsche Angaben

(1) Mit Gefängnis werden bestraft:

1. Gründer oder Mitglieder des Vorstands oder des Aufsichtsrats, die zum Zweck der Eintragung der Gesellschaft über die Zeichnung, die Einzahlung auf die Aktien, die Verwendung eingezahlter Beträge, den Ausgabebetrag der Aktien, über Sondervorteile, Gründungsaufwand, Sacheinlagen und Sachübernahmen sowie im Gründungsbericht oder im Prüfungsbericht falsche Angaben machen oder erhebliche Umstände verschweigen;
2. Personen, die in der öffentlichen Ankündigung nach § 40 Nr. 3 falsche Angaben machen oder erhebliche Umstände verschweigen;

§ 295 3. Mitglieder des Vorstands oder des Aufsichtsrats, die zum Zweck der Eintragung einer Erhöhung des Grundkapitals (§§ 149ff., 169ff.) über die Einbringung des bisherigen, die Zeichnung oder Einbringung des neuen Kapitals, den Ausgabebetrag der Aktien oder über Sacheinlagen falsche Angaben machen oder erhebliche Umstände verschweigen;

4. Vorstandsmitglieder, die zum Zweck der Eintragung einer bedingten Kapitalerhöhung über die Ausgabe der Bezugsaktien falsche Angaben machen oder erhebliche Umstände verschweigen;

5. Abwickler, die zum Zweck der Eintragung der Fortsetzung der Gesellschaft in dem von ihnen nach § 215 Abs. 3 zu führenden Nachweis falsche Angaben machen oder erhebliche Umstände verschweigen.

(2) Zugleich kann auf Verlust der bürgerlichen Ehrenrechte erkannt werden.

Anm. 1. **Einleitung.** § 295 geht seinem wesentlichen Inhalt nach auf § 313 HGB. zurück, der (vgl. dazu RGSt. 18, 108; 24, 286; 30, 318; Rabben S. 31) dem Kampf gegen den Gründungsschwindel seine Entstehung zu verdanken hatte. Wie § 313 HGB. soll § 295 verhindern, daß Gesellschaften eingetragen werden, ohne daß die gesetzlichen Voraussetzungen ihrer Entstehung wirklich vorhanden sind, und daß Aktien ausgegeben und in den Verkehr gebracht werden, die nur Scheinwerte darstellen. Der Tatbestand ist aber **erweitert,** vor allem insofern, als nunmehr auch schwindelhafte Angaben bei einer bedingten Kapitalerhöhung und bei Fortsetzung einer aufgelösten Gesellschaft unter Strafe gestellt werden. Dagegen nimmt § 295 auffallenderweise auf die in § 45 geregelten Nachgründungen nicht Bezug. Gemäß § 2 StGB. kann aber § 295 Ziff. 1 auch auf Fälle des Nachgründungsschwindels erstreckt werden. Der Grundgedanke des § 295 Ziff. 1 trifft auf den Nachgründungsschwindel durchaus zu; auch dürfte an der materiellen Gerechtigkeit einer Bestrafung in diesen Fällen kaum zu zweifeln sein. Vgl. im einzelnen unten Anm. 12, Anm. 13 a. E., Anm. 14 a. E.

Anm. 2. A. **Zu Ziffer 1. Der Gründungsschwindel.**

I. **Die Täterschaft.**

1) Als **Täter** kommen in Betracht:

a) **Gründer.** Maßgebend sind die §§ 21 (Aktiengesellschaft) und 221 Abs. 2 (Kommanditges. a. A.). Kein Zweifel kann darüber bestehen, daß Strohmänner, also Personen, die in eigenem Namen, aber für fremde Rechnung Aktien übernehmen (vgl. dazu § 25 Abs. 2 Ziff. 2), als wahre Gründer der strafrechtlichen Haftung unterliegen. Ihnen eignet die im Gesetz verlangte Tätereigenschaft („Gründer"), während sie ihren Hintermännern fehlen würde, so daß diese nur als Anstifter und Gehilfen, nicht aber als (mittelbare) Täter haften können. Ebenso RGSt. 24, 286 (290); 30, 312; Stenglein § 313 Note 1; v. Godin-Wilhelmi § 295 Note 2. Sind Gründer juristische Personen, so haften strafrechtlich ihre gesetzlichen Vertreter persönlich; ebenso Schlegelberger § 2 Note 4; v. Godin-Wilhelmi § 295 Note 2 (auch früher schon durchaus einhellige Lehre). Im Falle gewillkürter Vertretung haftet als (mittelbarer) Täter nur der vertretene Gründer, da nur er die Tätereigenschaft besitzt; der Vertreter dagegen, der ja nicht selbst „Gründer" ist, kann, wenn er sich der Tatbestandserfüllung bewußt ist, als sogen. „qualifikationsloses doloses Werkzeug" Gehilfe im Sinne des § 49 RStGB. sein. Vgl. dazu Näheres bei v. Liszt-Schmidt, Lehrbuch, 26. Aufl. I S. 331ff., insbes. in den Anm. 7 u. 8 (dort auch Nachweise über Lit. und Judikatur). Auch im kommenden deutschen Strafrecht wird die Verteilung der strafrechtlichen Haftung nach den Vorschlägen der Strafrechtskommission keine andere sein. Vgl. Kohlrausch, Handwörterb. d. Rwiss., 2. Ergänzungsband, 1936, S. 365, und dazu oben Anm. 7 zu § 294.

Anm. 3. b) **Mitglieder des Vorstandes oder des Aufsichtsrats.** Vgl. dazu oben § 294 Anm. 5.

c) Auf die **persönlich haftenden Gesellschafter der Kommanditgesellschaft auf Aktien** bezieht sich die Stelle gemäß § 304 ebenfalls; bezüglich der Aufsichtsratsmitglieder der KommGes.a.A. gilt das oben zu § 294 in Anm. 5 unter g Gesagte.

2) **Nichtigkeit der Gesellschaft** steht der Anwendbarkeit des § 295 nicht im Wege. Vgl. dazu die Ausführungen oben zu § 294 Anm. 8. Gleichgültig ist es auch, ob es zur Eintragung der Gesellschaft kommt oder nicht. **§ 295 Anm. 4.**

Auch in § 295 handelt es sich um ein **Sonderdelikt**; demgemäß gelten die Ausführungen in Anm. 7 zu § 294 auch hier. Vgl. bereits oben Anm. 2. **Anm. 5.**

II. **Das strafbare Verhalten. Rechtswidrigkeit. Schuld.** **Anm. 6.**

1) § 295 enthält verschiedene Tatbestände sogenannter „Äußerungsdelikte" (vgl. dazu Kern, Die Äußerungsdelikte, 1919). Die tatbestandsmäßigen Äußerungen bestehen in allen Fällen darin, daß **falsche Angaben gemacht** oder **erhebliche Umstände verschwiegen** werden. Im einen, wie im anderen Falle müssen die Äußerungen von der objektiven Wahrheit abweichen. Dabei unterscheidet das Gesetz:

a) Äußerungen zum Zweck der Eintragung der Gesellschaft; hier müssen die Äußerungen inhaltlich bestimmte Gegenstände betreffen, auf die das Gesetz ausdrücklich hinweist (vgl. unten Anm. 8—12);

b) Äußerungen im Gründungsbericht ohne Rücksicht auf den ihren Inhalt ausmachenden Gegenstand;

c) Äußerungen im Prüfungsbericht, ebenfalls gleichviel welchen Inhalts.

In allen drei Tatbeständen stellt das Gesetz, hierin eine Lücke des § 313 HGB. ausfüllend, das Verschweigen erheblicher Tatsachen den positiv falschen Angaben gleich. Ein Verschweigen kann darin gesehen werden, daß in bestimmter Hinsicht jegliche Angabe unterlassen wird (z. B. über Zeichnung, Einzahlung usw.), aber ferner auch darin, daß die mitgeteilten (im einzelnen richtigen) Tatsachen ohne die nicht mitgeteilten dem Adressaten der Äußerung ein Bild vermitteln, das in rechtlich erheblichen Beziehungen falsch ist. Vgl. im übrigen Anm. 9 und 10 zu § 302.

Zu a) **1. Tatbestand des § 295 Ziff. 1:** Die Äußerung zum Zweck der Eintragung der Gesellschaft muß im Zusammenhang mit der Anmeldung (§ 29) dem Registergericht gegenüber erfolgt sein. **Vollendet** ist das Delikt mit der **Einreichung bei Gericht.** Kenntnisnahme seitens des Registerrichters ist nicht erforderlich; erst recht ist weder Täuschung des Richters noch Eintragung zu verlangen. Ebenso RGSt. 37, 27; 43, 323; Rabben S. 37, Stenglein § 313 Note 2, wohl auch v. Godin-Wilhelmi § 295 Note 5. Nachträgliche Berichtigung hebt die Strafbarkeit nicht mehr auf. Gleichgültig ist auch, ob der Richter eine Ergänzung verlangt (RG. in JW. 04, 2463; Brodmann AR. Anm. 2e zu § 313) oder ob er die Eintragung ablehnt. **Anm. 7.**

Die unrichtigen Äußerungen müssen in diesem 1. Tatbestande des § 295 zum **Gegenstand** haben: **Anm. 8.**

1. Die **Zeichnung der Aktien:** § 30. Angaben über Strohmänner sind nach den Ausführungen in Anm. 2 nicht falsche Angaben. Das gleiche gilt für Angaben über Scheinzeichnungen, die lediglich erfolgt sind, um der Form zu genügen; denn der Gesellschaft gegenüber sind sie wahre Zeichnungen (RGSt. 30, 312). Sofern freilich im Einzelfall, was nicht ausgeschlossen ist, die Heranziehung von Strohmännern sich als sittenwidrig darstellt oder nur zur Umgehung gesetzlicher Vorschriften erfolgt (vgl. Schlegelberger § 2 Note 13), so wäre zu prüfen, ob § 295 nicht unter dem Gesichtspunkt des Verschweigens erheblicher Umstände erfüllt ist.

2. Die **Einzahlung auf die Aktien.** Falsche Angaben würden beispielsweise in folgenden Fällen anzunehmen sein: als „eingezahlt" wird ein Betrag bezeichnet, der zum Zwecke der Einzahlung geliehen, nach erfolgter Abgabe der Erklärung dem Gründer alsbald zurückgegeben und sofort an den Darleiher weitergeleitet wird. RGSt. 24, 286; Rabben S. 33; GoldschmitAR. 272 und AG. Anm. 3 zu § 313; Stenglein § 313 Note 3 a. Von einer „Barzahlung" darf nicht gesprochen werden, wenn nur aufgerechnet worden ist. RGZ. 94, 61; RGSt. 53, 149. Fraglich ist, inwieweit unrichtige Angaben über den **Besitz** unter § 295 fallen. Nach früherem Recht (§§ 313 Ziff. 1, 195 Abs. 3 HGB.) ist die Möglichkeit strafrechtlicher Haftung von der herrschenden Lehre angenommen worden (RGSt. 24, 286; 30, 314; 43, 182; 53, 149; dazu Werneburg ZBH. 1927, 219, **Anm. 9.**

§ 295 Rabben 33, Stenglein § 313 Anm. 3a). Es ist durchaus nicht anzunehmen, daß das Aktiengesetz die strafrechtliche Haftung abschwächen will. In § 28 wird mit dem Erfordernis der Einzahlung die endgültig freie Verfügungsmöglichkeit des Vorstandes über die eingezahlten Beträge gefordert. Solche Verfügungsmöglichkeit wird in aller Regel mindestens den mittelbaren Besitz voraussetzen. Von einer Einzahlung ohne Übertragung des mittelbaren Besitzes wird mithin kaum gesprochen werden können. Darum werden falsche Angaben über den Besitz stets auch solche über die Einzahlung sein; es wäre ganz formalistisch, wollte man hier zu trennen versuchen. Noch heute gilt, was das RG. in StrafS. 24, 286 gesagt hat, daß die „Einzahlung" zu einem „leeren Formalakt ohne alle reale Basis" werden würde, wenn man Einzahlung und Erlangung der Verfügungsgewalt nicht in engster sinngemäßer Zusammengehörigkeit sehen würde. — Da nach § 49 Abs. 3 als **Einzahlung nur bestimmt geartete Zahlungen** angesehen werden, so dürfen andere Regulierungen (etwa Hingabe eines Schecks oder eines Wechselakzepts des Zeichners) nicht als „Einzahlungen" bezeichnet werden. Die seinerzeit durch die Bekanntmachung vom 24. Mai 1917 (RGBl. 431) geschaffenen Erleichterungen bestehen heute, wie Baumbach § 49 Note 3 mit Recht erklärt, nicht mehr. Vgl. aber auch § 5 EGAktGes.! Fraglich könnte sein, ob eine unrichtige Angabe über eine den **Betrag von 25% übersteigende Einzahlung** (§ 28 Abs. 2 Satz 2) den Tatbestand zu erfüllen vermag. Aber aus § 29 Abs. 1 Satz 1 geht mit Deutlichkeit hervor, daß die im einzelnen tatsächlich eingezahlten Beträge der Wahrheit gemäß anzugeben sind; daher kann jene Frage nur bejaht werden; ebenso auch RGSt. 33, 252; 43, 323.

Anm. 10. 3. **Die Verwendung eingezahlter Beträge;** vgl. §§ 28 Abs. 2, 29. Eingezahlte Beträge dürfen zur Bezahlung der bei der Gründung angefallenen Steuern und Gebühren verwandt werden, zu anderen Zwecken jedoch nicht, da sie ja im übrigen bei der Anmeldung zur freien Verfügung des Vorstandes stehen müssen. Auf diese Steuern- und Gebührenzahlung bezieht sich die hier ins Auge gefaßte Tatbestandsversion, die mit der in Anm. 9 erörterten sachlich aufs engste zusammenhängt und sich mit ihr ergänzt.

Anm. 11. 4. Den **Ausgabebetrag der Aktien.** Gemeint ist der Kurswert, zu welchem die Gründer die Aktien in Verkehr bringen. So schon Rabben S. 34. Eine Strafdrohung gegenüber der nach § 9 Abs. 1 unzulässigen Unterpariausgabe enthält § 295 nicht.

Anm. 12. 5. **Sondervorteile, Gründungsaufwand, Sacheinlagen und Sachübernahmen;** vgl. §§ 19, 20, 29. Bei den hier in Frage kommenden sog. qualifizierten Gründungen ist die Gefahr, daß ein bloß scheinbares Grundkapital und nur scheinbare Aktienwerte geschaffen werden, besonders groß (Rabben S. 35). Falsche Angaben lägen z. B. vor, wenn Gründungsvergütungen als solche verschleiert, also etwa in den Einbringungspreis eingerechnet werden: RGSt. 18, 105; oder wenn eine schwindelhafte Überbewertung der Einlagen erfolgt, mag auch das tatsächlich vereinbarte Entgelt richtig angegeben werden (RGSt. 40, 286; 49, 340; LZ. 1914, 950[16]). Erhebliche Umstände würden verschwiegen sein, wenn eine Bargründung erfolgt und dann einer nicht verlautbarten Abrede entsprechend Sacheinlagen von der Gesellschaft erworben werden (Umgehung des § 20). Falsche Angaben, betreffend den Erwerb von Anlagen oder sonstigen Vermögensgegenständen bei **Nachgründungen** (§ 45) sind gemäß § 2 StGB. ebenfalls nach § 295 Ziff. 1 strafbar. Vgl. oben Anm. 1.

Anm. 13. Zu b) 2. **Tatbestand des § 295 Ziff. 1: unrichtige Äußerungen im Gründungsbericht.** Sie fielen, soweit sie an das Gericht gelangten und es sich um Angaben zum Zwecke der Eintragung der Gesellschaft handelte, nach früherem Recht unter § 313 HGB.; mit Einreichung des Gründungsberichts beim Gericht war das Delikt vollendet (§§ 191, 193, 195, 313 Ziff. 1 HGB.). Wie schon oben in Anm. 6 gezeigt, nimmt § 295 in dieser Hinsicht eine nicht unbeträchtliche Erweiterung des Strafschutzes vor. Der Gründungsbericht wird mit seinem gesamten für den Gründungsvorgang erheblichen Inhalt, auch soweit er für Eintragungszwecke nicht von Belang sein sollte, gegen unrichtige Äußerungen geschützt. Das haben Baumbach § 295 Note 2, Schlegelberger § 295 Note 2, Teichmann-Koehler § 295 Note 3 verkannt. Richtig dagegen

v. Godin-Wilhelmi § 295 Note 4. Über den Gründungsbericht vgl. § 24. Der Gründungsbericht bildet die Grundlage für die Gründungsprüfung (§ 25). Er stellt also eine Äußerung dar, die an die Adresse derjenigen gerichtet ist, welche die Prüfung vorzunehmen haben; das sind entweder die Mitglieder des Vorstandes und des Aufsichtsrats (§§ 23, 25 Abs. 1) oder die vom Gericht bestellten besonderen Gründungsprüfer (§ 25 Abs. 2, 3). Das Vergehen ist daher in diesem Falle **vollendet,** sobald der Gründungsbericht diesen Personen eingereicht ist; der Zeitpunkt der Kenntnisnahme ist auch hier (vgl. oben Anm. 7) belanglos. Gleichgültig ist auch die Wirkung, die der Gründungsbericht auf die prüfenden Personen ausübt. § 295

Falsche Angaben in einem **Nachgründungsbericht** (vgl. § 45 Abs. 2) fallen gemäß § 2 StGB. ebenfalls unter § 295 Ziff. 1.

Zu c) **3. Tatbestand des § 295 Ziff. 1: unrichtige Äußerungen im Prüfungsbericht** (§ 26). Auch hier können **Täter** nur die in § 295 Ziff. 1 Genannten sein, d. h. hier: Vorstands- und Aufsichtsratsmitglieder, da „Gründer" als solche keinen Prüfungsbericht zu erstatten haben. Die Gründungsprüfer im engeren Sinne des § 25 Abs. 2 kommen als Täter dagegen nicht in Frage; das Gesetz regelt ihre (mildere) strafrechtliche Haftung in § 302 Ziff. 1. **Anm. 14.**

Für den Prüfungsbericht gilt das, was in Anm. 13 über den strafrechtlichen Schutz des Gründungsberichts gesagt ist. **Vollendet** ist das Delikt, sobald ein unrichtiger Prüfungsbericht einer der in § 26 Abs. 3 genannten Stellen eingereicht ist. — Auf den bei **Nachgründungen** gemäß § 45 Abs. 3, 5 zu erstattenden Prüfungsbericht findet § 295 Ziff. 1 gemäß § 2 RStGB. entsprechende Anwendung.

2) Mit der Tatbestandserfüllung wird hier die **Rechtswidrigkeit** wohl stets gegeben sein. Die unbedingte Wahrheitspflicht, die in § 295 Ziff. 1 zum Ausdruck gebracht ist, läßt es kaum denkbar erscheinen, daß für falsche Mitteilungen der in Ziff. 1 genannten Art jemals ein Rechtfertigungsgrund Platz greifen könnte. **Anm. 15.**

3) **Schuldform.** Das Gesetz macht darüber keine Andeutung. **Vorsatz** muß gefordert werden. Ebenso Schlegelberger § 295 Note 1, v. Godin-Wilhelmi § 295 Note 5. Bedingter Vorsatz genügt; seine Abgrenzung gegen die (straflose) bewußte Fahrlässigkeit ist genau zu beachten. Für den **Irrtum** gelten die allgemeinen Grundsätze. Recht bedenklich und vom Standpunkte der durch die Arbeiten der Strafrechtskommission beeinflußten heutigen Schuldauffassung kaum noch zu halten ist RGSt. 65, 180, wonach ein Irrtum über den Begriff der Einzahlung ein unbeachtlicher Strafrechtsirrtum sein soll. **Anm. 16.**

III. **Zusammentreffen** mit anderen Vergehen. Bei der Frage, in welchem Sinne ein Zusammentreffen mit **§ 271 StGB.** in Betracht kommt, ist zu beachten, daß § 271 nur solche Register usw. betrifft, in denen rechtserhebliche Erklärungen usw. beurkundet werden, die also jedem gegenüber bezüglich des Beurkundeten vollen Beweis erbringen. Vgl. v. Liszt-Schmidt, Lehrb. 25. Aufl. S. 748, Leipziger Komm. § 271 Note 3, Kohlrausch StGB. 34 § 271 Note 2. Das hat Werneburg ZBH. 1927, S. 217 nicht beachtet. Es bedarf also zunächst der Klärung, inwieweit das Handelsregister überhaupt zu den in § 271 gemeinten Registern gehört. RGSt. 18, 179 lehnt die Beweiskraft des Handelsregisters für die Richtigkeit des zur Anmeldung und Eintragung Gebrachten ab. Demgemäß kann insofern das Vergehen aus § 295 Ziff. 1 mit dem Tatbestand des § 271 nicht zusammentreffen. Da andererseits § 295 Ziff. 1 sich nicht auf die Frage bezieht, wer dem Registerrichter gegenüber als Erklärender auftritt und so die Eintragung bewirkt, so läßt sich auch in dieser Beziehung ein Zusammentreffen mit § 271 StGB. nicht denken. Zu anderem Ergebnis kann nur gelangen, wer die Beweiskraft des HReg. anders beurteilt. Vgl. Stenglein § 313 Note 1. — Macht derselbe Täter in bezug auf einen und denselben Gründungsvorgang in einem oder in verschiedenen Schriftstücken mehrere falsche Angaben, so liegt im Hinblick auf den einheitlichen Schlußerfolg und den hierdurch bedingten Sinn seines Verhaltens nur eine strafbare Handlung vor (RGSt. 18, 115); Konkurrenzfragen stehen dann also nicht in Rede. **Anm. 17.**

§ 295 **B. Zu Ziffer 2: Unrichtige öffentliche Aktien-Ankündigungen gemäß § 40 Ziff. 3.**

Anm. 18. I. **Täter** sind vor allem die für die Ausgabehäuser verantwortlich handelnden Personen (Rabben S. 40 Note 70), wie aber auch sonst alle, die eine öffentliche Ankündigung im Sinne von § 40 Ziff. 3 und mit der dort bezeichneten Zwecksetzung ergehen lassen. Vgl. v. Godin-Wilhelmi § 295 Note 7; Schlegelberger § 295 Note 4.

Anm. 19. II. Die **Tat** muß innerhalb des in § 40 Ziff. 3 bezeichneten Zeitraumes erfolgen (vgl. dazu unten Anm. 20). Über den Begriff der öffentlichen Ankündigung vgl. die Erläuterungen zu § 40 Ziff. 3. Wenn der Börsenvorstand im Auftrage des Ausgabehauses nach Maßgabe der von diesem gemachten Angaben gutgläubig eine Ankündigung erläßt, so würde ein Fall mittelbarer Täterschaft des Ausgabehauses vorliegen. — Ein Anpreisen wird durch den Tatbestand nicht gefordert. — Mit vollzogener Ankündigung ist das Vergehen **vollendet.** Die Ankündigung ist etwa erfolgt, wenn die sie enthaltene Zeitung erschienen ist oder von den versandten Prospekten auch nur eines den Adressaten erreicht hat. Kenntnisnahme durch Dritte ist nicht notwendig noch weniger Hervorrufung einer Täuschung; Stenglein § 313 Note 9a. — Die Handlung kann auch hier in falschen Angaben wie im Verschweigen erheblicher Umstände bestehen. Vgl. dazu oben Anm. 6.

Anm. 20. III. Der **Vorsatz,** der auch hier als Schuldform zu fordern ist (vgl. oben Anm. 16, sowie RGSt. 64, 423) muß die Tatbestandsmerkmale umfassen, wie sie sich aus § 295 Ziff. 2 in Verbindung mit § 40 Ziff. 3 ergeben. Jedoch wird nicht zu verlangen sein, daß sich die Vorstellungen des Täters auf die in § 40 Ziff. 3 bezeichneten Zeitangaben erstrecken; vielmehr genügt es, wenn der Täter sich der Öffentlichkeit seines Ankündigens bewußt ist und zugleich mit der in § 40 Ziff. 3 bezeichneten Absicht („um sie in den Verkehr einzuführen") handelt. Die Zeitangaben können nur als objektive Bedingungen der Strafbarkeit aufgefaßt werden. So mit Recht Stenglein § 313 Note 9a.

Anm. 21. **C. Zu Ziffer 3: Falsche Angaben zum Zweck der Eintragung einer Kapitalerhöhung.**

I. **Täter** können nur Mitglieder des Vorstands oder des Aufsichtsrats (oben Anm. 3), nicht Gründer oder Abwickler sein.

Anm. 22. II. Bezüglich des **strafbaren Verhaltens** vgl. die Anm. 7ff. zu Ziffer 1. Die Abweichung von Ziff. 1 besteht darin, daß es sich in Ziff. 3 um Angaben über die wesentlichen Voraussetzungen der Erhöhung des Grundkapitals handelt. Gewöhnliche Kapitalerhöhung gemäß §§ 149ff. und sog. genehmigtes Kapital im Sinne der §§ 169ff. stehen dabei einander gleich. Die falschen Angaben und die Verschweigung erheblicher Umstände müssen hier in Erklärungen erfolgen, die **zum Zwecke der Eintragung** gemacht werden (oben Anm. 7) und überdies folgendes zum **Gegenstand** haben:

1. Die Einbringung des bisherigen Kapitals; vgl. dazu §§ 149 Abs. 4, 151 Abs. 2, 170 Abs. 2;
2. die Zeichnung oder Einbringung des neuen Kapitals; vgl. dazu § 155 Abs. 2 in Verbindung mit §§ 28, 29; § 170 Abs. 1;
3. den Ausgabebetrag der Aktien; vgl. dazu §§ 152 Ziff. 2, 170 Abs. 1;
4. Sacheinlagen; vgl. §§ 150, 155 Abs. 3 Ziff. 2, 172, 173.

Anm. 23. III. In der Abwicklung wird eine Kapitalerhöhung kaum vorkommen. Undenkbar ist sie nicht. Ihre Zulässigkeit ist bestritten. Sollte sie erfolgen, so besteht kein Grund, die Abwickler für ein unter § 295 Ziff. 3 fallendes Verhalten nicht strafrechtlich haften zu lassen. Dem Wortlaut nach können sie freilich nicht Täter sein. § 2 StGB. aber wird hier die Bestrafung ermöglichen. Zutreffend v. Godin-Wilhelmi § 295 Note 8.

Anm. 24. **D. Zu Ziffer 4: Falsche Angaben zum Zweck der Eintragung einer bedingten Kapitalerhöhung.** Die Bestimmung hat in § 313 HGB. gefehlt, da das HGB. die bedingte Kapitalerhöhung nicht gekannt hat. Die Strafvorschrift des § 295 Ziff. 4 knüpft nicht an § 162, sondern an § 168 an. **Täter** können daher **nur Vorstandsmitglieder** sein, und die unrichtigen Erklärungen (falsche Angaben, Verschweigen erheblicher Umstände; oben Anm. 6) müssen die erfolgte Ausgabe von Bezugsaktien zum **Gegenstande** haben. Dabei kann die Unrichtigkeit sich sowohl auf den Umfang der Ausgabe von Bezugsaktien (§ 168

Abs. 1), als auch auf den Ausgabezweck oder den Gegenwert und seine Leistung (Abs. 3) beziehen. § 295

E. **Zu Ziffer 5: Falsche Angaben zum Zweck der Eintragung der Fortsetzung der Gesellschaft.** Vgl. hierzu § 215. **Täter** können hier nur **Abwickler** sein (§ 206). **Gegenstand** der strafbaren Äußerungen (falsche Angaben; Verschweigen erheblicher Umstände; oben Anm. 6) kann nur der in § 215 Abs. 3 geforderte Nachweis sein, daß noch nicht mit der Verteilung des Vermögens der Gesellschaft unter die Aktionäre begonnen worden sei. **Anm. 25.**

Zu A—E: Strafen. Das Gesetz droht (anders als § 313 HGB.) nur Gefängnis, ohne Berücksichtigung mildernder Umstände an. Wegen Anwendbarkeit der **§§ 27a, 27b StGB.** vgl. oben Anm. 28 zu § 294. Eine Strafschärfung für besonders schwere Fälle sieht das Gesetz hier nicht vor. Aberkennung bürgerlicher Ehrenrechte gemäß § 295 Abs. 2 ist zulässig, wenn die erkannte Gefängnisstrafe mindestens 3 Monate beträgt: StGB. § 32 Abs. 1. **Anm. 26.**

§ 313 HGB. ist im Vergleich zu § 295 das mildere Gesetz. Vgl. dazu des Näheren oben Anm. 30 zu § 294. **Anm. 27.**

§ 296

§ 296

Unrichtige Darstellung. Verbotene Aktienausgabe

(1) Mitglieder des Vorstands oder des Aufsichtsrats oder Abwickler werden mit Gefängnis bestraft, wenn sie

1. in ihren Darstellungen, in ihren Übersichten über den Vermögensstand der Gesellschaft, in den den Abschlußprüfern oder sonstigen Prüfern gegebenen Auskünften oder in Vorträgen und Auskünften in der Hauptversammlung die Verhältnisse der Gesellschaft unwahr darstellen oder verschleiern;
2. im Geschäftsbericht über die Tatsachen des § 128 Abs. 2 Nr. 1 bis 9 falsche Angaben machen oder erhebliche Umstände verschweigen;
3. Namensaktien ausgeben, in denen der Betrag der Teilleistung nicht angegeben ist, oder Inhaberaktien ausgeben, bevor auf sie der Nennbetrag oder der höhere Ausgabebetrag voll geleistet ist (§ 10 Abs. 2);
4. Aktien oder Zwischenscheine ausgeben, bevor die Gesellschaft oder im Fall einer Kapitalerhöhung (§§ 149ff., 169ff.) die Durchführung der Erhöhung des Grundkapitals oder im Fall einer bedingten Kapitalerhöhung der Beschluß über die bedingte Kapitalerhöhung eingetragen ist;
5. Aktien oder Zwischenscheine ausgeben, die auf einen geringeren als den nach § 8 zulässigen Mindestnennbetrag lauten;
6. Wandelschuldverschreibungen ohne Genehmigung ausgeben (§ 174).

(2) In den Fällen der Nr. 1 und 2 kann zugleich auf Verlust der bürgerlichen Ehrenrechte, in besonders schweren Fällen kann auf Zuchthaus bis zu zehn Jahren erkannt werden.

Einleitung. § 296 stimmt in wesentlichen Beziehungen mit § 314 HGB. überein. Vgl. zu § 314 HGB. Netter in JW. 1932, 691, im übrigen die Vorbemerkungen vor § 294. **Anm. 1.**

A. Der Kreis der als **Täter** in Betracht kommenden Personen ist für sämtliche Tatbestände des § 296 gleichmäßig bestimmt: Mitglieder des Vorstandes oder des Aufsichtsrats oder Abwickler. Vgl. dazu die Anm. 5—10 zu § 294. Die dortigen Ausführungen gelten auch hier. **Anm. 2.**

§ 296 B. Die **einzelnen Tatbestände.**

Anm. 3. **Ziffer 1: Unwahre Darstellung oder Verschleierung.**

I. Allgemeines: Ziffer 1 ist nicht aus sich heraus verständlich. Hinsichtlich der für ihre Anwendung entscheidenden Fragen, für welche Darstellungen usw. eine Offenbarungspflicht besteht, deren Verletzung durch unwahre Darstellungen oder Verschleierungen Strafbarkeit begründen soll, auf welche Gegebenheiten sich die Offenbarungspflicht bezieht, wieweit sie sich erstreckt und wo sie Grenzen findet, sind die vorausgehenden Bestimmungen dieses Gesetzes maßgebend, namentlich die wichtigen §§ 81, 95 Abs. 2, 96, 112, 121, 125, 126, 127, 128 Abs. 1 (auf Abs. 2 bezieht sich die besondere Norm der Ziff. 2 des § 296; vgl. unten Anm. 12), 131 ff., 138. Ihr Inhalt ist in den Tatbestand der Ziff. 1 hineinzuinterpretieren, der dadurch hinsichtlich der Qualität seiner Ausführungshandlung durch und durch normativen Charakter erhält. Soweit also der Offenbarungspflicht, die § 296 Ziff. 1 unter Berücksichtigung der oben erwähnten Bestimmungen im Auge hat, ein Schweigerecht oder gar eine Schweigepflicht vorgeht, wird man in dem Falle, wo der Verwaltungsträger von solchem Schweigerecht Gebrauch gemacht, bestimmte Umstände in einer „Darstellung" usw. also nicht angegeben hat, richtigerweise den Standpunkt einnehmen, daß dann eine im Sinne der Ziff. 1 tatbestandsmäßige Verhaltensweise überhaupt gar nicht in Frage kommt; es sind also **bei jeder Anwendung des § 296 Ziff. 1 die aus jenen aktienrechtlichen Bestimmungen sich ergebenden Grenzen des Tatbestandes der Ziff. 1 ins Auge zu fassen;** methodisch falsch wäre es, nach Rechtfertigungsgründen gegenüber tatbestandsmäßigen („an sich" rechtswidrigen) Verstößen gegen eine aus Ziff. 1 abgeleitete Offenbarungspflicht zu suchen.

Anm. 4. II. **Welche** (mündlichen oder schriftlichen) **Äußerungen hat Ziff. 1 im Auge?** Bei den „Darstellungen" und den „Übersichten über den Vermögensstand" ist vor allem an die **Geschäftsberichte** (§§ 127, 128 I; auf die nach § 128 Abs. 2 zu machenden Angaben im Geschäftsbericht bezieht sich jetzt die neue Ziff. 2 des § 296) und die **Bilanzen** (§§ 131 ff.) zu denken. Aber es gehören hierher auch **die nach § 81 regelmäßig,** sowie **die gemäß § 95 Abs. 2 auf Verlangen des Aufsichtsrats zu erstattenden Berichte des Vorstandes an den Aufsichtsrat,** die nicht zur Mitteilung an die Aktionäre oder Dritte bestimmt sind (RGSt. 5, 147; 64, 424). **Die den Abschlußprüfern oder sonstigen Prüfern zu gebenden Auskünfte** (vgl. §§ 121, 138) hebt das Gesetz, was kaum nötig gewesen wäre, ausdrücklich hervor. Aber es gehören hierher auch **Auskünfte an Privatpersonen,** wenn sie von Verwaltungsträgern in dienstlicher Eigenschaft abgegeben werden (z. B. wenn einem nach dem Geschäftsgange sich erkundigenden Aktionär vom Vorstande als solchem oder vom Vorsitzer des Aufsichtsrats als solchem Auskunft erteilt wird; nicht aber, wenn der Vorsitzer des Aufsichtsrats zugleich Bankier ist und ausschließlich in dieser Eigenschaft die Auskunft gibt). Das Handeln in dienstlicher Eigenschaft wird hier (anders als in § 294; vgl. dort Anm. 12) allgemein gefordert werden müssen; übereinstimmend Schlegelberger § 296 Note 6, v. Godin-Wilhelmi § 296 Note 3a, Baumbach § 296 Note 2. Demgemäß fallen private Erklärungen, private Presseberichte und -notizen, Gelegenheitsäußerungen eines Verwaltungsträgers nicht unter § 296 Ziff. 1. Wohl aber ist dies der Fall bei Bekanntmachungen, etwa in der Presse oder durch gedruckte Rundschreiben an Kunden, die ersichtlich von den Verwaltungsträgern ausgehen, mögen sie von diesen gezeichnet sein oder nicht, mag eine Verpflichtung zu ihrer Vornahme bestanden haben oder nicht (z. B. Veröffentlichung einer Halbjahrsbilanz), ferner beim „Schlußwort" eines Verwaltungsträgers als Leiters der Hauptversammlung (RGSt. 45, 210). Als „Vorträge in der Hauptversammlung" sind nicht nur förmliche Reden zu verstehen. Da das Gesetz jetzt (anders als § 314 HGB.) den Vorträgen die Auskünfte in der Hauptversammlung (vgl. § 112!) gleichstellt, so kann heute noch weniger als unter der Herrschaft des § 314 HGB. bezweifelt werden, daß alle Äußerungen hierher gehören, die in dienstlicher Eigenschaft von Verwaltungsträgern gegenüber der Hauptversammlung als solcher oder einzelnen Aktionären in der Hauptversammlung abgegeben werden.

Werden gleichzeitig mehrere Darstellungen gegeben, so müssen alle der Wahrheit entsprechen. § 296 Ziff. 1 ist erfüllt, wenn z. B. die Bilanz Unrichtigkeiten enthält, die der Geschäftsbericht erläuternd berichtigt (vgl. RG. in LZ. 1915, 384[52]). § 296

III. **Das strafbare Verhalten als solches.** Anm. 5.

1) Die zu I angegebenen aktienrechtlichen Normen begründen für die in § 296 Ziff. 1 genannten Darstellungen, Übersichten, Vorträge, Auskünfte usw. die **„Pflicht zur Wahrheit und Klarheit"** (RGSt. 67, 349 unter Hinweis auf frühere Entscheidungen). Ein nach § 296 Ziff. 1 tatbestandsmäßiges Verhalten stellt also immer einen Verstoß dar gegen die aus jenen Normen sich ergebende Rechtspflicht, hinsichtlich bestimmter Gegebenheiten wahrheitsgemäße Angaben zu machen. In den Erläuterungen zu den erwähnten aktienrechtlichen Bestimmungen ist des näheren dargelegt, in welchem Maße eine solche Rechtspflicht besteht. Wo sie entfällt (etwa nach § 128 Abs. 3), kommt ein tatbestandsmäßiges Verhalten nach § 296 Ziff. 1 nicht in Frage, wenn von dem Schweigerecht Gebrauch gemacht wird. Wird aber trotz eines Schweigerechts eine Mitteilung im Geschäftsbericht usw. gemacht, so muß sie der Wahrheit entsprechen. Ebenso Schlegelberger § 296 Note 9, § 181 Note 24. Soweit an die Stelle der Offenbarungspflicht sogar eine Schweigepflicht treten sollte (die §§ 84, 99 entscheiden darüber, ob ein Verwaltungsträger etwa von dem in § 128 Abs. 3 gegebenen Schweigerecht Gebrauch machen muß, das Schweigerecht also sich in concreto in eine Schweigepflicht umwandelt), würde eine die Gesellschaft schädigende Offenlegung sogar unter § 294 fallen, während sonst § 294 auf rechtspflichtgemäße, insbesondere auch nicht gegen die Sorgfaltspflicht der §§ 84, 99 verstoßende Offenlegungen, auch wenn sie sich vermögensschädigend auswirken sollten, schon tatbestandsmäßig (vgl. Anm. 13, 20 zu § 294) nicht zur Anwendung gelangen kann.

2) Innerhalb der Grenzen der Offenbarungspflicht (oben Anm. 5) ist **unter Strafe gestellt:** Anm. 6.

a) **die unwahre Darstellung der Verhältnisse der Gesellschaft,** d. h. nicht nur der Vermögensverhältnisse, sondern aller wirtschaftlichen, sozialen, politischen und sonstigen Beziehungen, die für die gesamte Interessenlage der Gesellschaft von Bedeutung sind. Vgl. Rabben 44; Stenglein § 314 Note 3; RGSt. 38, 196/7; 41, 298. Die Unwahrheit der Darstellung kann auf der positiven Angabe falscher Tatsachen, aber auch auf einem Verschweigen erheblicher wahrer Tatsachen beruhen, wenn (vgl. oben Anm. 5) eine Offenlegungspflicht nach den Grundsätzen ordentlicher Geschäftsführung besteht. Vgl. RGSt. 49, 363. Auch Urteile („erfreuliches Ergebnis") müssen richtig sein (RGSt. 38, 199).

Beispiele: Über **Bilanzen** sagt RGZ. 112, 23: „Zweck der Vorlegung der Bilanz ist die richtige und zuverlässige Darlegung und Feststellung des Vermögens in allen wesentlichen Beziehungen für den Zeitpunkt, auf den sich die Bilanz bezieht." Demgemäß ist die Bilanz unrichtig, „wenn sie unter Außerachtlassung der das Materielle der Sache berührenden gesetzlichen Vorschriften aufgestellt ist" (RGSt. 36, 437): so etwa, wenn Gegenstände in die Bilanz aufgenommen sind, die der Gesellschaft noch nicht gehören (RGSt. 43, 416); wenn bestimmte Vermögensstücke überhaupt nicht aufgeführt sind (RGSt. 62, 357); wenn stille Reserven so eingesetzt sind, daß sie als Einnahmen „aus dem laufenden Geschäftsbetriebe" erscheinen (RGSt. 62, 360); wenn „Voraktivierungen" erfolgen, ohne als solche erkennbar gemacht zu sein (RGSt. 67, 349); wenn Außenstände erheblich über ihre wahrscheinlichen Werte angegeben sind (RGSt. 14, 80); wenn eingetretene Abnutzungen nicht abgeschrieben sind; wenn gegen die Wertansätze des § 133 in einer den materiellen Stand der Verhältnisse beeinflussenden Weise Ansetzungen erfolgt sind. Es muß sich stets um eine sachliche Unrichtigkeit der Bilanz handeln; Unrichtigkeiten, die sich nur auf die Form der Bilanz (vgl. die förmlichen Vorschriften über die Gliederung der Bilanz in § 131) beziehen, den Sachstand aber nicht beeinflussen, fallen nicht unter § 296. Bei Schätzungen wird man — von der Schuldfrage ganz abgesehen — in der Anwendung des § 296 sehr vorsichtig sein müssen. Es wird sich hier stets um grobe, in die Augen springende Fehlschätzungen handeln müssen. Anm. 7.

§ 296
Anm. 8. Das **Verschweigen wichtiger Vorkommnisse** (Veruntreuungen eines Vorstandsmitgliedes), die „in den Augen der Aktionäre nicht ohne Einfluß auf die Frage der Vertrauenswürdigkeit der Gesellschaftsorgane bleiben können" (RGSt. 38, 197), würde unter § 296 Ziff. 1 fallen, ebenso das Verschweigen von Passiven, während die damit in Verbindung stehenden Aktiven mitgeteilt sind (RG. in JW. 1930, 2709); ebenso das Verschweigen von Tatsachen, die nach Ablauf des Geschäftsjahres, aber vor Erstattung des Berichts bekannt geworden sind, wenn sie die Unrichtigkeit eines Bilanzpostens ergeben (RG. in JW. 06, 614[49]; Recht 1928 Nr. 2481). Wenn der Aufsichtsrat die falsche Darstellung des Vorstandes, ohne in seinen Bemerkungen auf die Unrichtigkeit hinzuweisen, durchgehen läßt, kann der Tatbestand des § 296 Ziff. 1 erfüllt sein; vgl. RGSt. 14, 80; 49, 239 (auf GenGes. bezüglich), aber auch RGSt. 45, 214. Nach dieser letzten Entscheidung, die in ihrer Tragweite nicht ganz klar ist, macht sich ein Vorstandsmitglied im Sinne des § 296 Ziff. 1 nicht verantwortlich, wenn ein anderes Vorstandsmitglied ohne vorherige Verständigung mit seinen Genossen in der Hauptversammlung unrichtig über Gesellschaftsverhältnisse berichtet und wenn nun zu diesem unrichtigen Bericht geschwiegen wird. Das trifft aber nur dann zu, wenn in der Hauptversammlung keine Möglichkeit einer berichtigenden Äußerung mehr gegeben ist. Besteht eine solche Möglichkeit, so ist durchaus eine Pflicht der anderen Vorstandsmitglieder anzunehmen, die Wirkung der unrichtigen Äußerung auf die Zuhörer zu beseitigen. Richtig ist in RGSt. 45, 214 die Feststellung, daß die strafrechtliche Haftung aus § 296 Ziff. 1 nicht darauf gestützt werden kann, daß das (ohne vorherige Verständigung) unrichtig berichtende Vorstandsmitglied von den übrigen nicht an seinem Vortrag gehindert wurde.

Anm. 9. Die unwahre Darstellung braucht nicht gerade für die Gesellschaft günstig zu sein; auch ungünstige Darstellungen können unter § 296 Ziff. 1 fallen. Ebenso Feisenberger bei Gruch. 70, 206; Nord in LZ. 1927, 1512, Schlegelberger § 296 Note 4, v. Godin-Wilhelmi § 296 Note 4. Abw. M. Fischer, Das Aktienrecht (1916) S. 299, sowie in Archiv f. Revis.- u. Treuh.-Wesen 1927, S. 200ff.; jedoch findet seine Ansicht weder in dem alten § 314 HGB. noch jetzt in § 296 eine Stütze; denn durch solche unrichtigen Darstellungen kann ungünstig auf den Kurs eingewirkt, der Markt also unzulässig beeinflußt werden. Soweit die Bilanz im Rahmen der Gepflogenheiten eines ordentlichen Geschäftsmannes Abschreibungen oder Minderbewertungen enthält, durch die der Wert der Aktiven geringer als in Wirklichkeit erscheint (stille oder versteckte Reserven), wird § 296 nicht anwendbar sein. Vgl. RGZ. 116, 119. Die Begründung zum AktGes. §§ 125—144 sieht die Bildung stiller Reserven ebenfalls als zulässig an. Mit solchen stillen Reserven muß also die Öffentlichkeit auch weiter rechnen; die Interessen der Gläubiger sind aber dadurch nur gewahrt. Vgl. dazu Neukamp ZHR. 48, 457; Schlegelberger § 129 Note 15ff. Einem gesetzlichen Verbot (z. B. § 131 Abs. 5) dürfen stille Reserven selbstverständlich nicht widersprechen. Auch würde ein Bericht, der wahrheitswidrig stille Reserven verneint, den Tatbestand des § 296 erfüllen; desgleichen wäre Strafbarkeit nach § 296 Ziff. 1 begründet, wenn, um einen gemachten Zufallsgewinn nicht zu verteilen, eine Abschreibung auf einem Konto gemacht wird, das schlechterdings nur mit dem Nennwert beziffert werden kann, z. B. auf dem Konto Kassabestand oder Guthaben bei der Reichsbank. Das Interesse der Aktionäre an der Dividende, dem Anspruche aus § 52, an der Anfechtungsmöglichkeit nach § 198 Abs. 2 wäre verletzt (dies gegen Neukamp a. a. O.), und auch der Markt könnte dadurch in unzulässiger Weise beeinflußt werden.

Anm. 10. b) **Das Verschleiern der Verhältnisse der Gesellschaft.** Kein begrifflich scharfer Unterschied im Vergleich zu a (Anm. 6ff.). Der Stand der Verhältnisse wird verschleiert, „wenn er so dargestellt wird, daß sich die Verhältnisse nicht oder doch nur schwer erkennen lassen"; RGSt. 68, 346. Dabei ist, soweit es sich um Bilanzen handelt, von einem „bilanzkundigen Leser" auszugehen. Vgl. auch RGSt. 37, 433; 41, 300. Auch hier kann ein Verschweigen in Frage kommen. RG. bei Bauer 11, 221; JW. 05, 550[6]. Keine Verschleierung, wenn Unklarheiten in der Bilanz durch sonstige Vorlagen oder durch Vortrag in der Hauptversammlung den Aktionären gegenüber aufgeklärt werden (vgl. aber oben Anm. 4 a. E. über Unrichtigkeiten der Bilanz): RG. 115, 336, 349; JW. 1927, 2988; abw. Netter, Auskunftspflicht 41. § 296

3) Das Vergehen ist **vollendet,** wenn die Darstellung, Übersicht, Auskunft dem Adressaten zugegangen, der Vortrag in der Hauptversammlung gehalten ist. Inwieweit in letzterer Beziehung mehrfache Äußerungen eine zusammengehörige Einheit bilden, ist Tatfrage. Ein weitergehender „Erfolg" (Täuschung, Schadensverursachung) ist nicht zu fordern. In diesem Sinne kann man mit RGSt. 45, 213 von einem Tätigkeitsdelikt (Gegensatz: Erfolgsdelikt) sprechen, ein Begriff, der freilich theoretisch unklar gedacht und durchaus entbehrlich ist. Vgl. v. Liszt-Schmidt, Lehrb. 26. Aufl. I S. 157. Nachträgliche Berichtigung (sofern es sich nicht um sinngemäß zusammengehörige Äußerungen handelt) befreit nicht von Strafe. § 296 Ziff. 1 kann mit KO § 239 Ziff. 3, 4 in Tateinheit zusammentreffen. Vgl. RG. in HRR. 1937 Nr. 491. **Anm. 11.**

Ziffer 2: Unrichtige Angaben im besonderen Teil des Geschäftsberichts (§ 128 Abs. 2 Nr. 1 bis 9). **Anm. 12.**

I. Diese Bestimmung ist neu. Ob sie nötig ist, kann dahingestellt bleiben; im allgemeinen wird ein nach Ziff. 2 strafbares Verhalten auch schon nach Ziff. 1 strafbar sein. Einmal vorhanden, stellt sich Ziff. 2 im Verhältnis zu Ziff. 1 als lex specialis dar.

II. Die oben in Anm. 3 gemachten Ausführungen über die Probleme der Offenbarungspflicht, des Schweigerechts und der Schweigepflicht gelten auch hier. **Anm. 13.**

III. Den falschen Angaben über die in § 128 Abs. 2 Nr. 1 bis 9 aufgeführten Angelegenheiten wird das Verschweigen erheblicher Umstände ausdrücklich gleichgestellt. Das völlige Fortlassen von Angaben, die § 128 Abs. 2 fordert, ist also ebenfalls strafbar. — Für die Vollendung gilt das in Anm. 11 Gesagte. **Anm. 14.**

Ziffern 3 bis 6: Unzulässige Ausgabe von Aktien oder Wandelschuldverschreibungen. **Anm. 15.**

Über die einzelnen hier vorkommenden Begriffe vgl. die Erläuterungen zu den einzelnen angezogenen Paragraphen. Kein Ausschluß der Strafbarkeit dadurch, daß der Hauptversammlungsbeschluß auf Ausgabe von Aktien ungültig war. RGSt. 30, 355.

In betreff des Wortes „geleistet" in Ziff. 3 vgl. RGSt. 53, 153 und Stenglein § 314 Note 10.

C. **Schuldform in sämtlichen Tatbeständen** des § 296: Vorsatz, einschließlich dolus eventualis. Daß § 296 (anders als § 314 HGB.) nicht mehr von „wissentlichem" Handeln spricht, ist belanglos. Eine auf Täuschung Dritter gerichtete Absicht ist nicht erforderlich. RG. in JW. 1931, 203; Stenglein § 314 Note 5; Schlegelberger § 296 Note 1; a. M. für das frühere Recht: Neukamp ZHR. 48, 459; Rehm, Bilanzen, 2. Aufl. 463, 468, 509. Die irrige Meinung, das Verhalten sei nach Maßgabe der aktienrechtlichen Bestimmungen erlaubt (z. B. gemäß § 128 Abs. 2 sei ein Verschweigen bestimmter Umstände zulässig, ja geboten), schließt den Vorsatz aus. Das RG. würde hier im Sinne seiner bekannten Irrtumsauffassung von einem vorsatzausschließenden, außerstrafrechtlichen Irrtum sprechen müssen. **Anm. 16.**

D. **Strafen.** **Anm. 17.**

I. Gefängnis; vgl. dazu die Anm. 28 u. 29 zu § 294. Die Möglichkeit des **Ehrenrechtsverlustes** und der Straferhöhung wegen Annahme eines **besonders schweren Falles** ist **nur bei Ziffer 1 und 2** gegeben. Wegen des Vergehenscharakters bei besonders schwerem Fall (Straflosigkeit des Versuchs!) vgl. Vorbemerkungen vor § 294 unter II (Anm. 2).

II. § 314 HGB. ist im Vergleich zu § 296 das mildere Gesetz. Vgl. dazu oben Anm. 30 zu § 294.

§ 297

§ 297

Fehlen von Aufsichtsratsmitgliedern
Unterlassen des Konkurs- oder Vergleichsantrags

Mit Gefängnis bis zu drei Monaten wird bestraft:

1. wer es als Mitglied des Vorstands oder des Aufsichtsrats oder als Abwickler vorsätzlich oder fahrlässig nicht hindert, daß länger als drei Monate im Aufsichtsrat die zur Beschlußfähigkeit nötige Zahl von Mitgliedern fehlt;
2. wer es als Vorstandsmitglied vorsätzlich oder fahrlässig unterläßt, bei Verlust die Hauptversammlung zu berufen und dieser von dem Eintritt des Verlustes Anzeige zu machen (§ 83 Abs. 1) oder bei Zahlungsunfähigkeit oder Überschuldung die Eröffnung des Konkursverfahrens oder des gerichtlichen Vergleichsverfahrens zu beantragen (§ 83 Abs. 2);
3. wer es als Abwickler vorsätzlich oder fahrlässig unterläßt, bei Zahlungsunfähigkeit oder Überschuldung die Eröffnung des Konkursverfahrens oder des gerichtlichen Vergleichsverfahrens zu beantragen (§ 209 Abs. 2).

Anm. 1. A. § 297 droht den Verwaltungsträgern Strafe an, wenn sie nicht für einen gehörigen Aufsichtsrat sorgen (Ziff. 1) oder nicht die Hauptversammlung einberufen oder nicht den Konkurs oder das gerichtliche Vergleichsverfahren beantragen, wo das Gesetz dies erfordert. Von gewissen Erweiterungen abgesehen, die sich auf die Nichteinberufung der Hauptversammlung bei bestimmter Verlusthöhe beziehen, stimmt § 297 mit § 315 HGB. hinsichtlich der Tatbestände im wesentlichen überein. Die gesetzliche Neufassung der Norm ist aber erfreulicherweise dazu benutzt worden, die Schwierigkeiten zu beseitigen, die sich aus dem unglücklich gefaßten Abs. 3 des § 315 HGB. für die Schuldfrage ergeben haben, und auch sonst (vgl. unten Anm. 3) die Fassung des Tatbestandes zu verbessern.

Anm. 2. B. **Die einzelnen Tatbestände.**

I. **Ziffer 1: Fehlen des gehörigen Aufsichtsrats.**

1) **Täter:** Mitglieder des Vorstandes oder des Aufsichtsrats, Abwickler. Vgl. dazu Anm. 5—10 zu § 294. Über die Frage, ob eine strafrechtliche Haftung eines Aufsichtsratsmitgliedes überhaupt denkbar ist, vgl. unten Anm. 4.

Anm. 3. 2) **Das tatbestandsmäßige Verhalten** wird in dem neugefaßten § 297 Ziff. 1 nicht mehr, wie in § 315 Ziff. 1 HGB., lediglich durch den Hinweis auf sein äußeres Ergebnis (Fehlen eines beschlußfähigen Aufsichtsrats während einer mehr als dreimonatigen Frist) angedeutet, vielmehr wird es klarer dahin bestimmt, daß ein Verwaltungsträger **nicht gehindert** hat, daß ein beschlußfähiger Aufsichtsrat länger als drei Monate nicht vorhanden ist. § 297 Ziff. 1 enthält also ein echtes Unterlassungsdelikt, anknüpfend an bestimmte Rechtspflichten der Verwaltungsträger, für das Vorhandensein eines beschlußfähigen Aufsichtsrats zu sorgen. Da der Aufsichtsrat gemäß § 87 von der Hauptversammlung gewählt wird, ausnahmsweise nach § 89 durch das Gericht bestellt werden kann, so wird das deliktische Verhalten darin bestehen, daß die dazu berufenen Verwaltungsträger es unterlassen, die Hauptversammlung einzuberufen und die Ergänzungswahl herbeizuführen oder aber den Antrag zu stellen, der nach § 89 für ein Vorgehen des Gerichts erforderlich ist.

Anm. 3a. Zu beachten aber ist bei alledem folgendes: Es kann für die Tatbestandsmäßigkeit im Sinne unserer Stelle nicht genügen, daß die Verwaltungsträger bestimmte Maßnahmen (s. oben) nicht ergriffen haben mit der Folge, daß ein beschlußunfähiger Aufsichtsrat länger als drei Monate vorhanden ist. **Vielmehr muß der Sinn des Verhaltens der Verwaltungsträger ein solcher sein, daß vernünftiger-**

weise von einem „Nicht-Hindern" im Sinne des § 297 Ziff. 1 gesprochen werden darf. § 297
Von einem „Nicht-Hindern" im Sinne des § 297 Ziff. 1 zu sprechen, hätte aber beispielsweise dann keinerlei Sinn, wenn die Verwaltungsträger alles in ihrer Macht Stehende getan haben, um Wahl oder Ergänzung des Aufsichtsrates herbeizuführen, ohne jedoch mit den tatsächlich ergriffenen Maßnahmen den gewünschten Erfolg zu erzielen. Sie selbst können ja nur die Hauptversammlung einberufen und ihr die Vorlage machen; allerdings werden sie auch die Pflicht haben, solche einer Wahl entgegenstehenden Schwierigkeiten zu beseitigen, deren bei ordentlicher Geschäftsleitung Herr zu werden ihnen zugemutet werden darf (vgl. RG. in JurRundsch. 1926 Nr. 1002). Wenn dann aber eine Wahl nicht zustandekommt oder der Gewählte nicht annimmt, so liegt, falls Wiederholung der Hauptversammlung innerhalb der Frist nicht möglich ist, ein tatbestandsmäßiges „Nicht-Hindern" im Sinne des § 297 Ziff. 1 nicht vor, denn das Verhalten der Verwaltungsträger ist seinem ganzen Sinne nach durchaus richtig, und darüber hinaus kann bei vernünftiger Anwendung der aktiengesetzlichen Bestimmungen (insbesondere der §§ 84, 99) von ihnen nichts verlangt werden. Es geht nicht an, hier ein tatbestandsmäßiges (rechtswidriges) Verhalten anzunehmen und den Verwaltungsträgern lediglich einen Entschuldigungsgrund zugute kommen zu lassen (so noch meine Bearbeitung von Staub[14] § 315 Anm. 8).

Ganz entsprechendes gilt, wenn ein nach § 89 gestellter Antrag nicht den gewünschten Erfolg hat (vorausgesetzt natürlich, daß nicht bereits das in § 89 selbst vorausgesetzte mehr als dreimonatige Fehlen eines beschlußfähigen Aufsichtsrats zu einer Haftbarmachung der Verwaltungsträger aus § 297 Ziff. 1 führen kann). Ist das Fehlen eines beschlußfähigen Aufsichtsrats auf Anordnungen des Reichswirtschaftsgerichts gemäß § 289 zurückzuführen, so wird tatbestandsmäßiges Verhalten der Verwaltungsträger im Sinne des § 297 Ziff. 1 auch kaum in Betracht kommen können.

Eigenartig ist die strafrechtliche Verantwortung aus § 297 Ziff. 1 in ihrer Anwendung auf Aufsichtsratsmitglieder. Solange die zur Beschlußfähigkeit erforderliche Zahl vorhanden, kommt ein dem § 297 Ziff. 1 entsprechendes Tätigwerden nicht in Betracht. Ist sie nicht vorhanden, so fehlt (vgl. OLG. Köln in LZ. 1927, 865) die rechtliche Möglichkeit, einen auf Ergänzung gerichteten Entschluß zu fassen; es hätte demgemäß für das einzelne Mitglied auch keinen Zweck, gemäß § 94 die Einberufung des Aufsichtsrats zu verlangen. Auf diesem Wege kann es also für die Ergänzung und Herbeiführung der Beschlußfähigkeit nichts tun; in dieser Richtung kann also auch nicht die Verletzung von Rechtspflichten gesucht werden, wie sie dem § 297 Ziff. 1 vorschwebt. Dennoch ist aber, wie auch schon gegenüber § 315 Ziff. 1 HGB., an der Möglichkeit einer strafrechtlichen Haftung auch für Aufsichtsratsmitglieder festzuhalten. Im Hinblick auf § 99 erwächst dem einzelnen Aufsichtsratsmitglied die Pflicht, im Falle einer auf Fehlen der nötigen Mitgliederzahl beruhenden Beschlußunfähigkeit, etwa durch Benachrichtigung des noch unorientierten Vorstandes, die Ergänzung rechtzeitig in die Wege zu leiten, gegebenenfalls auch selbst den Antrag aus § 89 zu stellen. Hat das Aufsichtsratsmitglied in diesem Sinne das ihm Obliegende getan, so ist es von jeder strafrechtlichen Haftung frei (daß § 297 den Abs. 3 des § 315 HGB. nicht wiederholt hat, ist in dieser Hinsicht sicherlich belanglos). Im ganzen ebenso Schlegelberger § 297 Note 3; teilweise abweichend v. Godin-Wilhelmi § 297 Note 2. **Anm. 4.**

Im übrigen setzt der Tatbestand des § 297 Ziff. 1 folgendes voraus: **Anm. 5.**

a) Es muß länger als drei Monate im Aufsichtsrat die zur Beschlußfähigkeit nötige Zahl von Mitgliedern fehlen. Fehlt der Aufsichtsrat ganz (§ 315 Ziff. 1 HGB. hat diesen Fall besonders hervorgehoben), so ist dem § 297 Ziff. 1 selbstverständlich auch genügt. Die dreimonatige Frist kann frühestens mit der Eintragung der Gesellschaft zu laufen beginnen, die damit wenigstens „äußerlich existent geworden", „aktuell ins Leben getreten" sein muß (RGSt. 5, 162), mag auch der Gesellschaftsvertrag nichtig und die Eintragung zu Unrecht erfolgt sein. Baumbach § 297 Note 2. Tritt die Gesellschaft, was natürlich die Regel ist, mit einem beschlußfähigen Aufsichtsrat ins Leben, so

§ 297 beginnt die Frist mit dem Zeitpunkt, wo die Zahl der Mitglieder durch Tod, Austritt, Widerruf (§ 87 Abs. 2) oder dergleichen unter die für die Beschlußfähigkeit maßgebende Zahl herabsinkt. Stenglein § 315 Note 1; Rabben S. 57.

Anm. 6. b) Ist die vorschriftsmäßige Zahl vorhanden, so kann eine Anwendung des § 297 Ziff. 1 nicht in Betracht kommen, und zwar auch dann nicht, wenn vorhandene Mitglieder an der Ausübung ihrer Tätigkeit durch Krankheit oder dergleichen verhindert sind; Stenglein § 315 Note 1, Rabben S. 59. Ob die satzungsmäßige Gesamtzahl der Aufsichtsratsmitglieder vorhanden, ist so lange belanglos, als die zur Beschlußfähigkeit nach Satzung oder Gesetz etwa geringere Zahl nicht fehlt; vgl. OLG. Dresden in Sächs. OLG. 8, 502; BrodmannAR. Anm. 2; Rabben 57; Baumbach § 297 Note 2.

Anm. 7. c) § 297 Ziff. 1 will nur das Vorhandensein, nicht eine satzungs- oder gesetzmäßige Tätigkeit des Aufsichtsrats garantieren. Unterlassungen oder Fehler in letzterer Beziehung haben mit § 297 nichts zu tun.

Anm. 8. d) Die vorschriftsmäßige Zahl von Aufsichtsratsmitgliedern muß unbedingt vorhanden sein. Das Fehlen einer entsprechenden Satzungsbestimmung ändert daran nichts (RGSt. 5, 162). Satzungsbestimmungen, welche eine Erneuerung des Aufsichtsrates nach länger als dreimonatiger Frist versagen oder anordnen, daß Ergänzung oder Neuwahl „nur in der ordentlichen Generalversammlung" stattfinden dürften, würden, eben weil darin ein Widerspruch zu § 297 läge, ungültig sein. Rabben S. 57.

Anm. 9. 3) **Verschulden.** Neben dem Vorsatz genügt hier auch die Fahrlässigkeit. Im Vergleich mit dem früheren Recht (§ 315 Abs. 1 Ziff. 1, Abs. 3 HGB.) ist insofern eine nicht unerhebliche Veränderung eingetreten, als der Grundsatz in dubio pro reo nunmehr uneingeschränkt gilt. Dem Angeklagten ist also sein (vorsätzliches oder fahrlässiges) Verschulden vom Gericht nachzuweisen; jeder bestehende Zweifel an der Schuld wirkt zu seinen Gunsten nach allgemeinen prozeßrechtlichen Regeln. Man vergleiche damit die ganz andere Regelung in § 148 Abs. 2 GenossenschGes. Hier findet man noch heute die gleiche Regelung der Schuldbeweisfrage, die nach Art. 249c Ziff. 3 AHGB. auch für unseren aktienrechtlichen Tatbestand gegolten hatte, dann aber bereits in § 315 Abs. 1 Ziff. 1, Abs. 3 im Sinne einer an § 186 RStGB. anklingenden Auffassung gemildert worden war.

Zur **Entschuldigung** werden gegebenenfalls dienen: Krankheit, Abwesenheit; ein Irrtum, falls er entschuldbar. Bei den Irrtumsfragen ist zu beachten, daß die Verwaltungsträger rechtlich verpflichtet sind, sich mit aller Sorgfalt über ihre Pflichten zu erkundigen; nur wenn sie dies getan haben, kann ein Irrtum über das Bestehen aktienrechtlicher Pflichten von dem Vorwurfe fahrlässiger Schuld befreien. Vgl. RGSt. 5, 161; 51, 24; JW. 1929, 1054; Stenglein § 315 Note 3; Rabben S. 108, 109.

Anm. 10. II. **Ziffer 2:** Hier sind mehrere Tatbestände aufgestellt. Sie erfassen Versäumnisse von **Vorstandsmitgliedern,** die hier **allein** als **Täter** in Frage kommen, nach folgenden Richtungen hin:

Anm. 11. 1) Es wird **unterlassen,** bei Verlust in Höhe des halben Grundkapitals (§ 83 Abs. 1) die **Hauptversammlung zu berufen** und dieser **von dem Eintritt des Verlustes Anzeige zu machen.** Der ausdrückliche Hinweis auf § 83 Abs. 1 gibt Aufschluß darüber, wann die Rechtspflicht entsteht, deren Nichterfüllung den Tatbestand des hier gegebenen echten Unterlassungsdelikts ausmacht: Es muß sich bei Aufstellung der Jahresbilanz oder einer Zwischenbilanz ergeben oder es muß bei pflichtmäßigem Ermessen (etwa im Zusammenhang mit ungünstig auslaufenden geschäftlichen Ereignissen) anzunehmen sein, daß ein Verlust in Höhe der Hälfte des Grundkapitals besteht. Vgl. hierzu die Anmerkungen zu § 83. Ein tatbestandsmäßiges Unterlassen liegt in diesen Fällen dann vor, wenn nicht unverzüglich, d. h. ohne schuldhaftes Zögern, die Hauptversammlung einberufen und die Anzeige erstattet wird. Eine analoge Ausdehnung dieser Bestimmung auf den Aufsichtsrat, der seiner Überwachungspflicht zuwider den Vorstand zur Einberufung der Hauptversammlung nicht anhält, ist nicht zulässig; die Beschränkung der täterschaftlichen Haftung auf Vorstandsmitglieder schließt (dafür spricht auch der Vergleich der

Ziffer 2 mit Ziffer 1) den Analogieschluß aus, erfordert also ein argumentum e contrario, soweit täterschaftliche Haftung des Aufsichtsrats in Betracht kommen soll. Teilnehmerschaftliche Haftung von Aufsichtsratsmitgliedern (StGB. §§ 48, 49) ist dagegen nicht ausgeschlossen. Letztere Möglichkeit übersehen v. Godin-Wilhelmi § 297 Note 4. § 297

Schuldform: Vorsatz und Fahrlässigkeit. Vgl. dazu oben Anm. 9.

2) Es wird **unterlassen, bei Zahlungsunfähigkeit oder Überschuldung die Eröffnung des Konkursverfahrens oder des gerichtlichen Vergleichsverfahrens zu beantragen** (§ 83 Abs. 2). Vgl. die Erläuterungen zu § 83 Abs. 2, der hinsichtlich der Frist für die Konkursanmeldung mit § 240 Abs. 2 HGB. übereinstimmt. Wichtig ist danach, daß vom Vorstande die Stellung des Antrages „ohne schuldhaftes Zögern, spätestens aber drei Wochen nach Eintritt der Zahlungsunfähigkeit" verlangt wird. Innerhalb dieser dreiwöchigen Frist, die als Höchstfrist zu gelten hat, darf also der Vorstand Versuche zur Beseitigung des Zustandes machen, freilich nur, wenn pflichtgemäßes Ermessen solche Versuche als aussichtsreich erscheinen läßt; andernfalls läge schuldhaftes Zögern vor. Vgl. auch § 83 Abs. 2 Satz 3. Vgl. auch RG. in HRR. 1937 Nr. 491 unter II (mit Bezug auf § 315 Abs. 1 Nr. 2 HGB.). **Anm. 12.**

Schuldform: Vorsatz und Fahrlässigkeit; vgl. oben Anm. 9.

III. **Ziffer 3: Abwickler unterlassen es, bei Zahlungsunfähigkeit oder Überschuldung die Eröffnung des Konkursverfahrens oder des gerichtlichen Vergleichsverfahrens zu beantragen** (§ 209 Abs. 2). § 209 Abs. 2 unterscheidet sich dadurch von § 298 Abs. 2 HGB., daß er, wie § 83 Abs. 2, eine Höchstfrist für den Antrag des Abwicklers vorsieht, während § 298 Abs. 2 HGB. eine Frist für den Konkursantrag nicht festgesetzt hat. Im Unterschied zu § 83 Abs. 2 sieht jedoch § 209 Abs. 2 nur eine zehntägige Frist vor. Mit dieser Maßgabe gilt zur Erläuterung der Ziff. 3 des § 297 alles das, was oben in Anm. 12 ausgeführt worden ist. **Anm. 13.**

Schuldform: Vorsatz und Fahrlässigkeit; vgl. oben Anm. 9.

C. Die **Verjährung** des § 67 StGB. (Frist: 3 Jahre) beginnt nicht mit dem Zeitpunkt der verwirkten Strafe, sondern erst mit dem Zeitpunkt, in welchem der gesetzwidrige Zustand (durch nachträgliche Erfüllung der Handlungspflicht oder durch deren Erlöschen) beendet ist. So RG. in ständiger Rechtsprechung. Vgl. Kohlrausch StGB. 34. Aufl. § 67 Note 5; Stenglein § 315 Note 5. **Anm. 14.**

D. **Strafen:** Gefängnis von einem Tage bis zu drei Monaten. § 27b anwendbar, womit sich die Möglichkeit der in § 297 selbst nicht vorgesehenen Geldstrafe einstellt. § 27a ebenfalls anwendbar. **Anm. 15.**

Neben der Strafe wegen der in § 297 vorgesehenen Unterlassungsdelikte besteht für den Registerrichter gemäß § 303 Abs. 1 die Möglichkeit, die Befolgung der aus § 89 Abs. 1 sich ergebenden Pflicht zur Antragstellung durch Ordnungsstrafen zu erzwingen; die Straffälligkeit aus § 297 Ziff. 1 wird dann allerdings häufig schon eingetreten sein, wenn die Voraussetzung des § 89 Abs. 1 gegeben ist. Viele Registerrichter aber warten richtigerweise den Ablauf der Dreimonatsfrist des § 89 Abs. 1 nicht ab, sondern wachen überhaupt darüber, daß immer ein beschlußfähiger Aufsichtsrat vorhanden ist. Ein Nichteinschreiten des Registerrichters entlastet aber niemals von der sich aus § 297 ergebenden strafrechtlichen Verantwortlichkeit. **Anm. 16.**

§ 298

§ 298

Fälschung oder Verfälschung von Hinterlegungsbescheinigungen

(1) Mit Gefängnis wird bestraft, wer über die Hinterlegung von Aktien oder Zwischenscheinen Bescheinigungen, die zum Nachweis des Stimmrechts in einer Hauptversammlung dienen sollen, wissentlich falsch ausstellt oder ver-

§ 298 fälscht oder von einer solchen Bescheinigung wissend, daß sie falsch oder verfälscht ist, zur Ausübung des Stimmrechts Gebrauch macht.

(2) Zugleich kann auf Verlust der bürgerlichen Ehrenrechte, in besonders schweren Fällen kann auf Zuchthaus bis zu zehn Jahren erkannt werden.

Anm. 1. A. Der Tatbestand des § 298 deckt sich, von belanglosen Änderungen der Textfassung abgesehen, völlig mit § 316 HGB. Wie dieser setzt auch § 298 voraus, daß in der Satzung (vgl. § 107 Abs. 2) die Hinterlegung von Aktien zum Zweck der Ausübung des Stimmrechts erfordert wird.

Anm. 2. Das Gesetz unterscheidet drei Tatbegehungsformen. Da sie in wesentlichen Beziehungen voneinander abweichen, wird es richtig sein, in § 298 ein sog. „kumulatives Mischgesetz" zu sehen. Vgl. Binding, Normen I 205; M. E. Mayer, Allg. Teil des deutschen Strafrechts (1915) S. 123/4; Mezger, Lehrbuch, 2. Aufl., S. 195. Demgemäß enthält § 298 „mehrere Strafgesetze" im Sinne des § 2b StGB. (Wahlfeststellung; vgl. dazu § 267b StPO.); auch ist der eine der Tatbestände im Verhältnis zu den übrigen ein „anderes" Strafgesetz im Sinne des § 265 StPO. (vgl. dazu Kohlrausch StPO., 24. Aufl. 1936, Anm. 2 zu § 265 und die dort zitierte Judikatur). Wegen möglichen Zusammentreffens s. unten Anm. 9.

Anm. 3. B. **Die einzelnen Tatbestände.**

I. **Erster Tatbestand: Falsches Ausstellen der Hinterlegungsbescheinigung.** Ein solches liegt vor:

1. entweder, wenn die Bescheinigung von einem anderen als demjenigen herrührt, der sich aus ihr als der Aussteller ergibt; insofern würde das „falsche Ausstellen" mit dem „fälschlich Anfertigen" des § 267 StGB. identisch sein. Vgl. daher die strafrechtlichen Kommentare zu diesem Begriff.
2. oder, wenn zwar der wahre mit dem aus der Bescheinigung sich ergebenden Aussteller identisch ist, die Bescheinigung jedoch von diesem einen der Wahrheit widersprechenden Inhalt erhalten hat.

Im Falle zu 1 handelt es sich um eine unechte, aber möglicherweise inhaltlich wahre, im Fall zu 2 um eine echte, aber inhaltlich unwahre Urkunde. Der zweite Fall wird bekanntlich in § 267 StGB. nicht getroffen.

Anm. 4. Zu 1 und 2:

a) **Täter** kann jeder Beliebige sein; ebenso auch Mittäter (§ 47 StGB.) oder mittelbarer Täter.

b) Mit der „Ausstellung" (Anfertigung) ist das Delikt **vollendet.** Ein Gebrauchmachen (wie in § 267 StGB.) erfordert § 298 nicht. Es ist daher gleichgültig, ob irgend jemandem die Bescheinigung vorgelegt, ausgehändigt oder sonst zugänglich gemacht worden ist.

c) **Schuldform:** „Wissentlich" bedeutet Vorsatz. Bedingter Vorsatz (praktisch kaum denkbar) genügt. Ebenso Stenglein § 316 Note 4, Schlegelberger § 298 Note 3, v. Godin-Wilhelmi § 298 Note 1. Eine besondere „rechtswidrige Absicht", wie in § 267 StGB., ist nicht erforderlich.

Anm. 5. II. **Zweiter Tatbestand: Verfälschen der Hinterlegungsbescheinigung.** Davon ist zu sprechen, wenn die Bescheinigung zwar von dem wahren Aussteller herrührt, hinsichtlich ihres Inhaltes aber sodann verändert worden ist, so daß nunmehr der Name des Ausstellers einen von ihm nicht erklärten Inhalt deckt. Ob der Inhalt durch die Veränderung zu einem „wahren" gemacht worden ist, spielt keine Rolle. Es gilt also hier alles das, was zum „Verfälschen" im Sinne des § 267 StGB. zu sagen ist.

Anm. 6. Bezüglich des Täters, der Vollendung, der Schuldform vgl. oben Anm. 4.

Anm. 7. III. **Dritter Tatbestand: Gebrauchmachen von einer falschen (I) oder verfälschten (II) Bescheinigung zum Zwecke der Ausübung des Stimmrechts.**

Dazu genügt, daß die Bescheinigung der zur Legitimationsprüfung bestimmten Person zum Zwecke der Legitimierung vorgezeigt wird. Einsicht- oder sonstige Kenntnisnahme ist nicht zu fordern; die Möglichkeit einer solchen genügt. Erst recht ist nicht zu verlangen, daß die Täuschung gelingt, daß also die Legitimierung anerkannt und die Stimmabgabe möglich gemacht oder gar vorgenommen worden ist. Die in RGSt. 35, 218 und 42, 39 zu § 267 StGB. entwickelten Grundsätze haben durchaus auch hier Anwendung zu finden. So auch die herrschende Lehre. Vgl. Stenglein § 316 Note 2; Schlegelberger § 298 Note 2 unter Ziff. 3, v. Godin-Wilhelmi § 298 Note 3. § 298

Vgl. im übrigen oben Anm. 4.

C. **Zu beachten** (zu B I—III): Unter keinen der drei Tatbestände fällt eine Handlung, die darin besteht, daß eine echte Bescheinigung, die hinsichtlich ihres Inhalts in Ordnung ist, vom berechtigten Inhaber in der Hauptversammlung einer anderen Person übergeben wird, damit diese in seinem Namen stimmen solle, während er die Versammlung verläßt. Handelt diese Person dementsprechend — und bei großen Versammlungen kann dies sehr leicht unbemerkt geschehen —, so kann der Tatbestand des § 271 StGB. erfüllt sein; denn das Protokoll (§ 111) wird zu den in § 271 StGB. genannten Urkunden zu zählen sein, und der Notar wird gutgläubig veranlaßt, die rechtserhebliche Tatsache, daß der Auftraggeber mitgestimmt habe, der Wahrheit zuwider zu beurkunden. Vgl. Brodmann AR. Anm. 1a; Goldschmit AG. Anm. 4; Schlegelberger § 298 Note 2 unter Ziff. 3. **Anm. 8.**

Über die Art der Bescheinigungen für Legitimationsaktionäre vgl. RGZ. 118, 330.

D. **Konkurrenzfragen.** **Anm. 9.**

I. Nach den Ausführungen in Anm. 2 enthält § 298 ein sog. „kumulatives Mischgesetz", also mehrere unter der gleichen Strafdrohung zusammengefaßte Tatbestände von selbständiger strafrechtlicher Bedeutung. Daraus folgt, daß eine Verwirklichung sowohl des ersten (oder zweiten) wie auch des dritten Tatbestandes zur Annahme einer Realkonkurrenz zwischen beiden Begehungsformen führen muß. So mit Recht Mezger a. a. O.; M. E. Mayer, Allg. Teil (1915) S. 125 Note 11; Schlegelberger § 298 Note 5. Die abweichende Meinung von Rabben 160, Stenglein § 316 Note 6 läßt sich nicht halten.

II. Was das Verhältnis zu den Urkundendelikten des RStGB. betrifft, so ist für § 316 HGB. von Rabben S. 160, Stenglein § 316 Note 6, Eb. Schmidt bei Staub[14] § 316 Note 10 angenommen worden, daß § 316 die §§ 267, 270 StGB. als lex specialis ausschlösse. Dem wird mit Schlegelberger § 298 Note 5 auch für § 298 beizutreten sein. **Anm. 10.**

E. **Strafen:** § 298 verschärft im Vergleich mit § 316 HGB. die Strafen ganz wesentlich. Vgl. zu allen Einzelheiten Anm. 28—30 zu § 294, dazu Anm. 2 vor § 294. **Anm. 11.**

§ 299

§ 299

Stimmenkauf

Mit Geldstrafe oder Gefängnis bis zu einem Jahr wird bestraft:

1. wer sich besondere Vorteile dafür gewähren oder versprechen läßt, daß er bei einer Abstimmung in der Hauptversammlung nicht oder in einem gewissen Sinne stimme;
2. wer besondere Vorteile dafür gewährt oder verspricht, daß jemand bei einer Abstimmung in der Hauptversammlung nicht oder in einem gewissen Sinne stimme.

Einleitung. § 299 gibt den § 317 HGB., von sachlich belanglosen Textverbesserungen abgesehen, inhaltlich genau wieder. Er stellt in **Ziff.** 1 den **Stimmenverkauf,** in **Ziff.** 2 den **Stimmenkauf** unter Strafe, um eine Fälschung des Mehrheitswillens der Hauptversammlung zu verhüten und zu verhindern, daß anders als aus freier Überzeugung gestimmt werde. Der Tatbestand bezieht sich auf das Stimmen in Hauptversammlungen sowohl von Aktiengesellschaften wie auch von Kommanditgesellschaften auf Aktien. § 304 darf nicht dahin ausgelegt werden, daß die Hauptversammlungen der letzteren hier nicht in Frage kämen. Vgl. unten die Anm. zu § 304. Nachgebildet ist die Bestimmung des § 299 dem § 243 KO., in dem **Anm. 1.**

§ 299 jedoch nur der Stimmenverkauf unter Strafe gestellt ist. Ähnliche Bestimmungen in § 109 StGB., § 151 Genoss.Ges. Zu vergl. daher auch die Kommentare zum StGB., zur KO. und zum GenGes. Vgl. weiter: Heinrich Jordan, Die Strafbarkeit des Stimmenkaufes im Aktienrecht, 1897; Simon in der Festschr. f. Wilke, 296.

Anm. 2. A. **Täterschaft.**

I. Täter kann sein

1) **gemäß Ziffer 1** sinngemäß nur, wer in der ins Auge gefaßten Hauptversammlung abzustimmen, wenn nicht ein Recht hat (mit Beschränkung hierauf Stenglein § 317 Note 2, wohl auch Schlegelberger § 299 Note 2), so doch wenigstens tatsächlich in der Lage sein wird. Es ist also nicht nötig, daß der Täter im Augenblick des Stimmenverkaufs schon Aktionär ist; es genügt vielmehr, daß er — vielleicht gerade im Hinblick auf den Stimmenverkauf — im Begriffe steht, Aktionär zu werden. Über Bevollmächtigte, gesetzliche Vertreter und Strohmänner s. unten II (Anm. 4ff.). Wer einen andern lediglich durch die falsche Vorspiegelung, daß er in der Hauptversammlung mitstimmen könne, zur Vorteilsgewährung veranlaßt, begeht, da eine Fälschung des Mehrheitswillens durch ihn ja gar nicht in Frage kommt, kein unter § 299 fallendes Delikt, sondern allenfalls Betrug (§ 263 StGB.).

Anm. 3. 2) **gemäß Ziffer 2** jedermann; denn im Falle des Stimmenkaufs kann eine Fälschung des Mehrheitswillens auch von außen her bewirkt werden. Nur muß sich Versprechen und Leistung an eine zum Stimmenverkauf taugliche Person (oben I 1; Anm. 2) wenden; andernfalls kann ein vollendetes Delikt aus § 299 nicht in Frage kommen; ein Versuch wäre vom Standpunkt der (auch im künftigen Strafrecht maßgebenden) subjektiven Versuchsauffassung zwar denkbar; aber § 299 hat Vergehenscharakter und stellt den Versuch nicht besonders unter Strafe (§ 43 Abs. 2 StGB.); daher müßte solches Verhalten straflos bleiben.

Anm. 4. II. **Besondere Täterschaftsprobleme zu Ziffer 1.** Daß im Falle I 1 nicht nur Aktionäre, sondern auch Bevollmächtigte und gesetzliche Vertreter als Täter in Frage kommen, haben die Mot. z. AG. 1884 (II 256) richtig betont. In der Literatur (vgl. Stenglein § 317 Note 2, Schlegelberger § 299 Note 2) werden zutreffend die Strohmänner hinzugefügt. Das sind solche Personen, die auf Grund einer Scheinübertragung in der Lage sind, eine Stimme abzugeben (enger Stenglein a. a. O.).

Anm. 5. 1) Was dabei insbesondere den **Bevollmächtigten** angeht, so bedeutet § 299 für ihn nur, daß er sich nicht von einem Dritten für seine Abstimmung in bestimmtem Sinne oder für seine Stimmenthaltung bezahlen lassen darf. In sein Verhältnis zum Auftraggeber will § 299 nicht eingreifen; denn dieser will ja nur eine Fälschung des Mehrheitswillens verhindern; eine solche aber kommt nicht in Betracht, wenn der Beauftragte im Sinne seines Auftraggebers stimmt, da es für den Mehrheitswillen gänzlich gleichgültig ist, wer die Stimme in diesem Sinne abgibt oder sich der Abstimmung enthält, der Beauftragte oder der Auftraggeber. Das dürfte jetzt wohl einhellig anerkannt sein. Vgl. Schlegelberger § 299 Note 2; v. Godin-Wilhelmi § 299 Note 3, Brodmann AktR. Anm. 1a zu § 317.

Anm. 6. 2) Der **Strohmann** aber muß hier dem Bevollmächtigten gleichstehen. Gilt er auch der Gesellschaft gegenüber als der eigentliche Aktionär, so ist er doch in Bezug auf das innere Verhältnis zu dem, der ihm die Aktien zum Zwecke der Teilnahme an der Hauptversammlung übertragen hat, der Beauftragte. Daß er sich für seine Teilnahme an der Hauptversammlung und Abstimmung ungestraft bezahlen lassen darf, sollte nicht zu bezweifeln sein (vgl. Anm. 5). Aber man muß darüber hinaus annehmen, daß er sich auch an eine Marschroute binden lassen darf. Er darf sich ungestraft verpflichten, in bestimmtem Sinne, nämlich im Sinne und Interesse seines Auftraggebers zu stimmen oder sich der Stimme zu enthalten. Diesem gegenüber ist er ja sogar aus dem inneren Rechtsverhältnis heraus zur Weisungsbefolgung verpflichtet. Auch hier ist keine Verfälschung des Mehrheitswillens zu befürchten, da es für die Gesellschaft gleichgültig ist, wer das Stimmrecht ausübt: wahrer Aktionär oder (seinen Weisungen folgender) Strohmann. In vielen größeren

Städten gibt es Personen, die gewerbsmäßig die Vertretung in Hauptversammlungen übernehmen, selbstverständlich gegen Entgelt. Sie erhalten zu ihrer Legitimation Aktien und werden von einem Hauptaktionär oder einer Aktionärgruppe angenommen, um sie durch ihre Beredsamkeit in der Durchsetzung ihres Standpunktes zu unterstützen und dann selbstverständlich auch mit den Aktien in ihrem Sinne zu stimmen. In alledem liegt nichts Unerlaubtes. So ist auch der Inhaber eines Inkassobureaus nach § 243 KO. nicht strafbar, wenn er sich einen Wechsel girieren läßt lediglich zu dem Zwecke, um die Rechte des Gläubigers im Konkurse zu vertreten, dann nach den Weisungen seines Auftraggebers für oder gegen den Zwangsvergleich stimmt und sich für diese Tätigkeit vom Auftraggeber bezahlen läßt (Olshausen KO. § 243 Note 2). Sinn und Geist des Gesetzes passen nicht auf solche Sachverhalte; daher ist zweifelsohne Straflosigkeit anzunehmen. Zustimmend Jordan 15, Goldschmit AG. § 317 Anm. 3, Schlegelberger § 299 Note 2. **§ 299**

III. Über Konsortialverträge (Poolverträge, Schutzgemeinschaftsverträge) RGZ. 107, 67; 112, 273; 119, 368; 131, 279; 133, 90. **Anm. 7.**

B. **Die strafbaren Handlungen.** **Anm. 8.**

I. **Allgemeines.** Das Gesetz behandelt in **Ziffer 1** den **Stimmenverkauf**, in **Ziffer 2** den **Stimmenkauf.** Beide Tatbestände stellen in sich sogen. alternative Mischgesetze dar, d. h.: die Tatbegehungsmodalitäten (sich gewähren oder versprechen lassen; gewähren oder versprechen; stimmen oder nicht stimmen) sind nur gleichbedeutende oder vertauschbare Begehungsformen eines und desselben Deliktstypus. Die in Anm. 2 zu § 298 für die dortigen kumulativen Mischgesetze gezogenen Folgerungen gelten hier also nicht. Daher ist, ohne daß von der Wahlfeststellung im Sinne des § 2b StGB. Gebrauch gemacht werden müßte, hier ohne weiteres eine sogen. „alternative" Feststellung im Urteil zulässig (Kohlrausch StGB., 33. Aufl., § 2b Note I). Im Verhältnis untereinander stellen die Begehungsformen sowohl innerhalb der Ziffer 1 wie innerhalb der Ziffer 2 nicht „andere" Strafgesetze im Sinne des § 265 StPO. dar. Wer sich erst versprechen und dann gewähren läßt, begeht nur eine strafbare Handlung ebenso wie der, der erst verspricht und dann gewährt. Konkurrenzfragen können nicht entstehen.

II. In Ziffer 1 und Ziffer 2 werden die gleichen Begriffe verwendet; sie sollen daher für beide Tatbestände zusammen erörtert werden. **Anm. 9.**

1) **„Gewähren"** ist Hingabe, **„Sich-gewähren-lassen"** Inempfangnahme des Vorteils; **„Versprechen"** ist die zusichernde Inaussichtstellung des Vorteils, **„Sich-versprechen-lassen"** die einwilligende Entgegennahme dieser Inaussichtstellung. Ein bloßes Anbieten ist dem Versprechen (anders als in § 333 StGB.) nicht gleichgestellt.

Mit der Vollziehung der Leistung, der dem Adressaten gegenüber erfolgten Abgabe der Willenserklärung ist das Delikt **vollendet.** Zur Stimmabgabe selbst oder gar Stimmenthaltung braucht es nicht gekommen zu sein. Zustimmend Schlegelberger § 299 Note 2, 3. Mit Recht läßt Rabben 75 es auch gleichgültig sein, ob der Stimmenverkäufer sich bezüglich seines Verhaltens in der Hauptversammlung an die Abrede hält oder nicht. (Wegen geheimer Vorbehalte s. unten Anm. 10).

Ob der, dem die Vorteile gewährt oder versprochen werden, sich zum Stimmen oder zur Stimmenthaltung erboten hat, oder er nur dem Drängen des anderen Teils gefolgt ist, ist gleichgültig (RGSt. 12, 122). In beiden Fällen sind beide strafbar. Die unentgeltliche Vertretung von Aktien und das Erbieten hierzu sind straflos (RG. bei Holdheim 14, 19).

2) a) Das **Stimmen in gewissem Sinne** oder die **Stimmenthaltung** (diese letztere fehlte früher in Art. 249e; nach Jordan a. a. O. 40 ergab sie sich aus ihm) muß zugesagt sein. Der Aktionär muß sich also die **Freiheit seiner Entschließung** haben abkaufen lassen (OLG. Bamberg in LZ. 1919, 611[8]; vgl. Rabben 69, 70). Wer sich dafür, daß er nur überhaupt der Hauptversammlung beiwohnen oder in ihr stimmen werde, bezahlen läßt, ist nicht strafbar, weil er die Freiheit seiner Entschließung nicht verkauft hat; desgleichen, wer sich dafür bezahlen läßt, daß er in bestimmtem Sinne in der Hauptversammlung redet. Wer sich insgeheim die Freiheit seiner Entschließung vorbehält, verhindert da- **Anm. 10.**

§ 299 mit die Tatbestandserfüllung sowohl der Ziffer 1 wie der Ziffer 2. Ebenso v. Liszt-Schmidt (25. Aufl.) S. 664 (bez. des § 243 KO.); Stenglein KO. § 243 Note 8 (freilich unklar); Olshausen KO. § 243 Note 4; v. Godin-Wilhelmi § 299 Note 8; Schlegelberger § 299 Note 2. Abw. Leipz. Komm. KO. § 243 Note 6; Frank KO. § 243 II (mit Einschränkung). Die Zusage des Stimmens in bestimmtem Sinne liegt aber schon dann vor, wenn man sich verpflichtet hat, „im Interesse einer bestimmten Person" oder „mit einer bestimmten Person" zu stimmen, mit ihr durch Dick und Dünn zu gehen (Jordan S. 41), also gegen bessere Einsicht zu handeln (RG. bei Bauer 21, 227).

Anm. 11. b) Der Zweck braucht nicht ausdrücklich ausgesprochen zu werden; Erkennbarkeit aus dem Sinne der Abreden usw. genügt (vgl. RGSt. 11, 222 zu StGB. § 331 u. bei Bauer 21, 54). Mit Stimmenthaltung ist gänzliche Nichtteilnahme an der Hauptversammlung gleichbedeutend.

Anm. 12. c) § 299 ist nicht anwendbar, wenn Aktien dem Aktionär abgekauft werden, selbst wenn es in der ausgesprochenen Absicht geschieht, ihn damit vom Stimmen abzuhalten; freilich muß es sich um einen wirklichen, nicht um einen Scheinkauf handeln (vgl. RG. 38, 259). Das Reportgeschäft überträgt wirkliches Eigentum, fällt daher nicht unter § 299 (Simon 297; Flechtheim JW. 1925, 570), es sei denn, daß es nur zum Schein und zur Umgehung der Stimmvorschriften abgeschlossen (LZ. 1907, 139[6]).

Anm. 13. d) Nur Abstimmungen **in den Hauptversammlungen** sind gemeint, nicht solche im Vorstand oder Aufsichtsrat (Schlegelberger § 299 Note 2); natürlich auch nur Abstimmungen in Hauptversammlungen **deutscher** Gesellschaften (vgl. oben Anm. 6 vor § 294).

Anm. 14. 3) a) **Besondere Vorteile** im Sinne des § 299 sind nicht bloß materielle [z. B. Verkauf von Aktien zu einem dem Wert nicht entsprechenden Preise (KG. in OLGR. 24, 142) oder eine Vereinbarung, gekaufte Aktien unter allen Umständen zum Einkaufspreise abzunehmen (OLG. Bamberg in LZ. 1919, 611[8])], sondern auch ideelle (zugesagte Protektion, Bewirtung). Vgl. RGSt. 4, 48; 9, 166; Jordan 50; Stenglein KO. § 243 Note 4; Goldschmit AG. § 317 Note 4; Schlegelberger § 299 Note 2; abw. M. Olshausen KO. § 243 Note 6 (nur materielle Vorteile); Jaeger KO. § 243 Anm. 6, Frank KO. § 243 II (nur vermögensrechtliche Vorteile). Stets sind es ausschließlich **solche, die sich nicht aus der betreffenden Abstimmung selbst ergeben,** sondern die außerhalb ihrer liegen. So Rabben 72, Jordan 55, Schlegelberger § 299 Note 2 und überhaupt die herrschende Meinung. Aber nicht alle sich nicht aus der Abstimmung selbst ergebende Vorteile sind damit nun schon ohne weiteres „besondere" im Sinne des § 299; vielmehr sind sie es nur dann, wenn der Vorteil dem Stimmenverkäufer allein oder doch nicht der Gesamtheit zugute kommt (Jaeger KO. § 243 Anm. 6). Mit Recht nahm daher RG. in JW. 1929, 642 keinen besonderen Vorteil an bei einer allen Aktionären gegebenen Dividendengarantie. Vgl. auch RG. 132, 33; 133, 94, sowie Pinzger bei Bauer 38, 65 u. dort angef. Entsch. Anders, wenn der Stimmenverkäufer allein eine Dividendengarantie erhält (OLG. Stuttgart HRR. 1931 Nr. 526).

Anm. 15. III. **Schuldform:** nur **Vorsatz.** Dolus eventualis genügt. Schlegelberger § 299 Note 1; v. Godin-Wilhelmi § 299 Note 8. — Über die Bedeutung geheimer Vorbehalte vgl. oben Anm. 10.

Anm. 16. C. **Zivilrechtlich** sind Abreden, die den § 299 verletzen, nichtig. Vgl. OLG. Kolmar in OLGR. 6, 503; KG. in OLGR. 24, 142; RG. in HRR. 1936 Nr. 747. Die Rückforderung des Geleisteten ist nach § 817 BGB. ausgeschlossen. Schlegelberger § 299 Note 4.

Anm. 17. D. **Strafen:** Geldstrafe (3 RM.—10000 RM.; vgl. aber § 27a, 27c Abs. 2, 3 StGB.) oder Gefängnis von 1 Tage bis zu einem Jahre. § 27b StGB. kann keine Anwendung finden.

§ 300 § 300

Stimmrechtsmißbrauch

Mit Geldstrafe bis zu hunderttausend Reichsmark wird bestraft:

1. wer die Aktien eines anderen, zu dessen Vertretung er nicht befugt ist, ohne dessen Einwilligung zur Ausübung des Stimmrechts in der Hauptversammlung oder zur Ausübung eines der Rechte in den §§ 106, 112, 118, 122, 125 Abs. 7, §§ 137, 197, 206, 216, 244 benutzt;
2. wer zur Ausübung des Stimmrechts oder der in Nr. 1 bezeichneten Rechte Aktien eines anderen benutzt, die er sich zu diesem Zweck durch Gewähren oder Versprechen besonderer Vorteile verschafft hat, und wer die Aktien zu dem bezeichneten Zweck gegen Gewähren oder Versprechen besonderer Vorteile überlassen hat;
3. wer Aktien, für die er das Stimmrecht nach § 114 Abs. 4 bis 7, § 118 Abs. 1 Satz 2, § 227 Abs. 1 nicht ausüben darf, einem anderen zum Zweck der Ausübung des Stimmrechts überläßt sowie wer solche Aktien zur Ausübung des Stimmrechts benutzt;
4. wer Angaben nach § 110 nicht oder nicht richtig macht.

Einleitung: § 300 geht in seinen Ziffern 1 und 2 auf § 318 HGB. zurück. Dagegen sind die Ziffern 3 und 4 neu; sie füllen Lücken aus und schieben einem nach früherem Recht (vgl. Eb. Schmidt bei Staub[14] § 318 Anm. 9ff.) zulässig gewesenen Strohmännertum in erheblichem Maße einen Riegel vor. Anm. 1.

Ziffer 1: Unbefugte Benutzung fremder Aktien. Die Vorschrift wendet sich vornehmlich gegen die frühere Praxis der Bankhäuser, die in ihrem Depot befindlichen Aktien (vgl. dazu jetzt § 114 Abs. 5) ohne Zustimmung der Hinterleger als ihre eigenen anzumelden und mit ihnen zu stimmen; sie **bestraft, wer die Aktien eines anderen** [den Aktien sind in diesem Zusammenhange (wie schon nach § 318 HGB.) gleichzustellen: **Zwischenscheine** (Brodmann AR. § 318 Anm. 1; Stenglein § 318 Note 2; Schlegelberger § 300 Note 2), ferner aber auch, wenn keine Aktien ausgegeben sind, **Stimmrechte** (Goldschmit AG. § 318 Note 2; Schlegelberger § 300 Note 2)], **zu dessen Vertretung er nicht befugt ist, ohne dessen Einwilligung zur Ausübung des Stimmrechts in der Hauptversammlung oder bestimmter Minderheitsrechte benutzt.** Anm. 2.

I. Der **Täterkreis** ist in keiner Weise tatbestandsmäßig beschränkt. Täter kann mithin jedermann sein. Anm. 3.

II. Das **strafbare Verhalten.** Anm. 4.

1) Ob jemand **Aktien eines anderen** benutzt, entscheidet sich nicht nach dem Verhältnis zur Gesellschaft, der Inhaberschaft oder der Eintragung ins Aktienbuch (§ 61), sondern lediglich nach dem Verhältnis unter den Beteiligten, wie es nach bürgerlichem Recht zu beurteilen ist. Durch Reportgeschäft erworbene sind die eigenen Aktien des Erwerbers (Stenglein § 318 Note 2).

2) **Mangelnde Vertretungsbefugnis** ist Tatbestandsmerkmal. Die Vertretungsbefugnis kann auf allgemeiner oder Sondervollmacht, Prokura, Handelsvollmacht, auch auf einem gesetzlichen Vertretungsverhältnis, z. B. als Vormund, Konkursverwalter, Testamentsvollstrecker usw., beruhen. Dagen gewähren Verwahrung, Pfandrecht und Pfändungspfandrecht an sich kein solches Vertretungsrecht, die Hinterlegung und das Pfandrecht jedoch dann, wenn der Verwahrer oder Pfandnehmer das Recht hat, andere Stücke statt der hinterlegten oder verpfändeten wiederzugeben und die Aktien bereits in das Eigentum des Verwahrers oder Gläubigers übergegangen sind. Vgl. § 700 Abs. 3 BGB., § 2 DepotGes. v. 5. Juli 1896 und dazu Stenglein § 318 Note 3. Für B a n k e n vgl. jetzt § 114 Abs. 4. Dadurch wird zwar das Depotstimmrecht der Banken zugelassen, seine Aus- Anm. 5.

§ 300 übung aber an eine schriftliche Ermächtigung des Kunden geknüpft. Da die Ermächtigung einer bestimmten Bank erteilt sein muß, so kommt eine Überlassung der Aktien von einer Bank an eine andere zwecks Vertretung der Aktien und Ausübung des Stimmrechts nicht mehr in Frage. Verstöße führen zur Strafbarkeit nach § 300 Ziff. 1.

Anm. 6. 3) **„Ohne dessen Einwilligung".** Wer nicht kraft seiner Rechtsstellung zum Eigentümer der Aktien das Recht hat, diesen zu vertreten, muß, wenn er gleichwohl die Aktien zur Ausübung der hier in Rede stehenden Aktienrechte benutzen will, die Einwilligung des Eigentümers im Sinne **vorheriger Zustimmung** haben. Die Einwilligung kann schriftlich oder mündlich, auch stillschweigend, erklärt werden. Die Einwilligung kann auch durch Auftrag, aber auch durch einen unentgeltlichen Leihvertrag erteilt werden. Vgl. dazu Stenglein § 318 Note 4; Jacobi in BankA. 10, 81 und 11, 199; gegen ihn Ratjen ebenda 116. Ferner Schlegelberger § 300 Note 4. Zu beachten jetzt aber stets § 300 Ziff. 3! Auch in sonstigen Verträgen kann die Einwilligung enthalten sein, z. B. kann bei einer Verpfändung von Aktien einem Darlehnsgeber und Pfandnehmer das Stimmrecht eingeräumt werden; nur dürfen solche Verträge nicht der Hauptsache nach darauf abzielen, die Übertragung des Stimmrechts zu bewirken (Hachenburg in BankA. 2, 135); das wäre dann dem Sinne nach entgeltliche Leihe und Verstoß gegen § 300 Ziff. 2. Auch Verträge, die dies umgehen wollen, die z. B. in die Form eines Kaufvertrages gekleidet sind, aber offensichtlich lediglich oder hauptsächlich jenes Endziel verfolgen, verstoßen gegen § 300 Ziff. 2 (RG. 38, 259).

Anm. 7. 4) Der Tatbestand erfordert **Benutzung zur Ausübung des Stimmrechts in der Hauptversammlung oder zur Ausübung der Rechte in den §§ 106, 112, 118, 122, 125 Abs. 7, §§ 137, 197, 206, 216, 244.** Die Benutzung muß erfolgt sein; d. h. es muß der Täter in der Hauptversammlung gestimmt oder die sonstigen Rechte ausgeübt haben.

Anm. 8. III. Kennt der zur Vertretung nicht befugte Täter die tatsächlich vorhandene Einwilligung nicht, nimmt er also irrig das Nichtvorhandensein der Einwilligung an, so liegt nach jetzt noch geltendem Strafrecht ein strafloser Versuch des Delikts vor.

Anm. 9. IV. **Schuld.** Es muß **Vorsatz,** einschließlich dolus eventualis verlangt werden. Irrige Annahme der Einwilligung (Gegensatz zu dem in Anm. 8 unterstellten Fall) schließt den Vorsatz aus; ebenso die irrige Annahme einer Vertretungsbefugnis. Vgl. v. Godin-Wilhelmi § 300 Note 2; Stenglein § 318 Note 7.

Anm. 10. **Ziffer 2: Aktienbenutzung auf Grund entgeltlicher Leihe.**

I. Als **Täter** kommt sowohl der Entleiher wie auch der Verleiher in Frage. Ob der Verleiher Eigentümer der Aktien ist, hält Schlegelberger § 300 Note 4 mit Recht für belanglos.

Anm. 11. II. Bezüglich der **strafbaren Handlung** liegt der Hauptton auf dem **Entgelt** oder, wie das Gesetz es formuliert, dem **Gewähren oder Versprechen besonderer Vorteile.** Vgl. hierzu Anm. 9 und 14 zu § 299. Die strafbare Handlung ist für den Entleiher mit der Benutzung der Aktien, für den Verleiher dagegen schon mit dem Überlassen der Aktien **vollendet.** Richtig v. Godin-Wilhelmi § 300 Note 3; nicht ganz klar Schlegelberger § 300 Note 4.

Handelt es sich um unentgeltliche Überlassung, bzw. Entleihung von Aktien, so kommt, falls nicht § 300 Ziff. 3 Platz greift, strafbares Verhalten nicht in Frage. Das Leihen von Aktien kommt im Aktienverkehr außerordentlich häufig vor. Wer nicht genügend Stimmen hat, um seine Meinung durchzusetzen, wendet sich an ihm bekannte Aktionäre und erbittet sich Aktien zur Erlangung der Mehrheit. Solange hierfür nichts gezahlt wird, ist dagegen, abgesehen von den Fällen der in Ziff. 3 unter Strafe gestellten „Stimmenrechtsschiebung", nichts einzuwenden, und die in der unentgeltlichen Leihe liegende Erlaubnis zur Benutzung bei Abstimmungen kann auch nicht einmal zurückgezogen werden.

Anm. 12. III. **Schuld:** auch hier Vorsatz, einschließlich dolus eventualis.

Ziffer 3: Die sogen. **Stimmrechtserschleichung;** vgl. Baumbach § 300 Note 3; Schlegelberger § 300 Note 5. Dieser neue Tatbestand des § 300 knüpft an die in den §§ 114 Abs. 4 bis 7, 118 Abs. 1 Satz 2, § 227 Abs. 1 enthaltenen Verbote, das Stimmrecht auszuüben, an und stellt unter Strafe sowohl das Überlassen, wie das Benutzen von Aktien zu solch verbotener Stimmrechtsausübung. Für den Überlassenden tritt die **Vollendung** mit dem Überlassen, für den anderen erst mit der Abstimmung als solcher ein. **Vorsatz** erforderlich. § 300

Ziffer 4: Falsche Angaben in Bezug auf das Teilnehmerverzeichnis (§ 110). § 110 verlangt, daß das in der Hauptversammlung anzulegende Teilnehmerverzeichnis ganz bestimmte Angaben über die erschienenen und vertretenen Aktionäre, die Vertreter von Aktionären und die Legitimationszessionare enthält. Bestraft werden **falsche Angaben** und das **Unterlassen der erforderlichen Angaben. Täter** kann jeder sein, der gemäß § 110 eine Angabepflicht hat. Dazu gehört **nicht** der das Verzeichnis aufstellende **Notar.** So mit Recht Schlegelberger § 300 Note 7. Anderer Meinung Baumbach § 300 Note 4, der gerade den „beurkundenden Beamten", aber auch sonst jeden, der das Verzeichnis „anfertigt", aus § 300 Ziff. 4 haften lassen will. Aber Baumbach verkennt den gedanklichen Zusammenhang, in dem Ziff. 4 mit den vorhergehenden Ziffern des § 300 steht. Abstimmungsmißbräuche sollen verhütet werden. Ziff. 4 will dafür sorgen, daß Teilnehmer an der Hauptversammlung den übrigen Beteiligten gegenüber nicht die wahren Besitzverhältnisse verschleiern, und knüpft, wie die Ziffern 1 bis 3, an die aktienrechtlichen Pflichten an, die sich auf die Stimmrechtsausübung selbst beziehen. Die Pflichten des beurkundenden Notars sind aber ganz anderer Art. Verstöße gegen die Beurkundungspflichten richten sich nach § 348 StGB. Anm. 15.

Das Delikt des § 300 Ziff. 4 ist **vollendet** in dem Augenblicke, wo die Mitteilung dem beurkundenden Notar gegenüber erfolgt oder wo sie spätestens hätte erfolgen müssen. Unrichtigkeit des Teilnehmerverzeichnisses gehört nicht zum Tatbestand des § 300 Ziff. 4.

Schuld: Vorsatz, einschließlich dolus eventualis.

Strafen zu Ziff. 1 bis 4: Geldstrafe bis zu 100000 RM. Mindeststrafe 3 RM. Anm. 16.

§ 301

§ 301

Unrichtige Wiedergabe des Jahresabschlusses Unterlassen der Namensangabe

(1) Mitglieder des Vorstands oder des Aufsichtsrats oder Abwickler werden mit Geldstrafe bestraft, wenn sie es vorsätzlich oder fahrlässig unterlassen, für die Einhaltung des § 144 über die Wiedergabe des Jahresabschlusses und der §§ 100, 128 Abs. 4 und des § 209 Abs. 5 über die Angaben der Mitglieder des Vorstands und des Aufsichtsrats und der Abwickler zu sorgen.

(2) Die Strafverfolgung tritt nur auf Antrag der amtlichen Vertretung des Handelsstands ein.

Einleitung. § 301 ist seinem ganzen Inhalt nach neu. Straftatbestände der hier gegebenen Art hat das HGB. nicht enthalten. Die **Erfüllung bestimmter Publizitätspflichten** soll gewährleistet werden. Die Strafverfolgung ist allerdings von der Stellung eines **Strafantrags** abhängig gemacht. Antragsberechtigt ist die „amtliche Vertretung des Handelsstands", vor allem die Handelskammer. Für das Antragsrecht gelten die §§ 61 ff. StGB. Fehlen des Antrags muß zur Einstellung des Verfahrens, gegebenenfalls durch Urteil (StPO. § 260 Abs. 3), führen. Zurücknehmbar ist der Strafantrag nicht (StGB. § 64). Anm. 1.

I. **§ 301 enthält zwei Tatbestände:** Anm. 2.

1) **Verstoß gegen die aus § 144 sich ergebenden Pflichten, betr. Bekanntmachung des Jahresabschlusses.**

a) **Täter** können sein Mitglieder des Vorstands oder des Aufsichtsrats oder Abwickler. Vgl. dazu oben Anm. 5 ff. zu § 294.

b) Das **strafbare Verhalten** besteht darin, daß **unterlassen** wird, für eine den Erfordernissen des § 144 Abs. 1 entsprechende Wiedergabe des Jahresabschlusses in den Gesellschafts- Anm. 3.

§ 301 blättern (§ 143 Abs. 2, § 18) oder in sonstigen Vervielfältigungen zu sorgen. Voraussetzung für die Strafbarkeit ist also, daß in den Gesellschaftsblättern (mindestens in einem) oder in den sonst in Frage kommenden Vervielfältigungen der Jahresabschluß vorschriftswidrig wiedergegeben wird, mag der Mangel die Vollständigkeit oder Richtigkeit des Abschlusses selbst oder des Bestätigungsvermerkes oder die in § 144 Abs. 1 Satz 2 geforderten Namensangaben in irgend einer Beziehung betreffen. Fraglich ist, ob auch ein Verstoß gegen die, die Anordnung des in der Bilanz und in der Gewinn- und Verlustrechnung ausgewiesenen Posten betreffenden Vorschriften des § 144 Abs. 2 unter § 301 fällt. Das wird von Schlegelberger § 301 Note 2 verneint; ebenso wohl auch Baumbach § 301; v. Godin-Wilhelmi § 301 Note 3 und Teichmann-Koehler § 301 lassen die Frage offen. § 301 nimmt auf § 144 Abs. 1 nicht ausdrücklich Bezug, sondern bezieht sich auf § 144 schlechthin. § 144 Abs. 2 andrerseits stellt gerade auch für die Veröffentlichungen bestimmte Vorschriften, betr. die Anordnung der in der Bilanz und in der Gewinn- und Verlustrechnung ausgewiesenen Posten auf; auch diese Vorschriften dienen dazu, daß Irreführungen durch die Art der Wiedergabe vermieden werden sollen; auch § 144 Abs. 2 betrifft demnach die „Wiedergabe des Jahresabschlusses", von der in § 301 gesprochen wird. Daher kann es nicht als zutreffend angesehen werden, wenn Schlegelberger § 301 Note 2 Verstöße gegen § 144 Abs. 2 der Strafbarkeit aus § 301 entzieht, und zwar offenbar deshalb, weil in Abs. 2 des § 144 von der „Aufstellung" und nicht, wie im Abs. 1 von der „Wiedergabe" des Jahresabschlusses gesprochen werde. Aber auch der Wortlaut des § 144 Abs. 2 spricht gegen Schlegelberger; denn es heißt hier: „bei der Aufstellung **und** in allen Veröffentlichungen ...". § 144 Abs. 2 bezieht sich also deutlich auch auf die Wiedergabe des Jahresabschlusses in den Veröffentlichungen und Vervielfältigungen. Es ist daher nicht einzusehen, warum Verstöße gegen die hier aufgestellten Formerfordernisse nicht ebenso von § 301 erfaßt werden sollen, wie Verstöße gegen die Normen des § 144 Abs. 1, zumal auch diese reine Formalien betreffen können.

Anm. 4. Für die Erfüllung der in § 144 aufgestellten Erfordernisse ist, wie sich aus § 143 ergibt, „der Vorstand" als solcher, d. h. mit allen seinen Mitgliedern verantwortlich. Die strafrechtliche Haftung trifft daher auch alle Vorstandsmitglieder, wobei sich aus einer etwaigen Geschäftsverteilung unter ihnen Unterschiede hinsichtlich der Schuld (vgl. unten Anm. 5) ergeben können. Der Aufsichtsrat hat keinen unmittelbaren Einfluß auf die Durchführung der Vorschriften des § 144; aber sein Überwachungsrecht (§§ 95, 96, 99) verpflichtet ihn, auch die Wiedergabe des Jahresabschlusses in den Veröffentlichungen usw. ins Auge zu fassen und im Rahmen des Möglichen auf Einhaltung der Vorschriften des § 144 hinzuwirken.

Anm. 5. c) Als **Schuldform** kommt sowohl Vorsatz wie Fahrlässigkeit in Frage. Letztere setzt voraus, daß der Täter Anlaß und Möglichkeit hatte, das Vorkommen eines Verstoßes gegen § 144 vorauszusehen. Das wird bei den Aufsichtsratsmitgliedern (oben Anm. 4) und denjenigen Vorstandsmitgliedern und Abwicklern, die gemäß Geschäftsverteilung mit den Veröffentlichungen usw. nicht unmittelbar befaßt sind, besonders genau zu prüfen sein. Der Maßstab für die hier in Rede stehende Voraussichtspflicht ergibt sich aus §§ 84, 99, 209 Abs. 3.

Anm. 6. 2) **Verstoß gegen die Vorschriften der §§ 100, 128 Abs. 4, 209 Abs. 5 über die Angaben der Mitglieder und des Aufsichtsrats und der Abwickler** in den Geschäftsbriefen und im Geschäftsbericht. Vgl. dazu die Erläuterungen zu den angezogenen Paragraphen und oben Anm. 4 und 5 hinsichtlich der Haftbarkeit.

Anm. 7. II. **Strafe:** Geldstrafe von 3 bis zu 10000 RM. (§ 16 RStGB.).

§ 302 § 302

Verletzung der Berichts- und Verschwiegenheitspflicht

Mit Gefängnis oder Geldstrafe wird bestraft:

1. wer als Prüfer oder als Gehilfe eines Prüfers über das Ergebnis der Prüfung falsch berichtet oder erhebliche Umstände im Bericht verschweigt;
2. wer als Prüfer oder als Gehilfe eines Prüfers seine Pflicht zur Verschwiegenheit verletzt oder unbefugt Geschäfts- und Betriebsgeheimnisse, die er bei Wahrnehmung seiner Obliegenheiten erfahren hat, verwertet;
3. wer als Vorsitzer des Aufsichtsrats einer Prüfungsgesellschaft oder als sein Stellvertreter die durch Einsicht eines Berichts erlangten Kenntnisse verwertet, ohne daß es die Erfüllung der Überwachungspflicht des Aufsichtsrats fordert.

Einleitung: § 302 stimmt im wesentlichen mit § 318a HGB. überein, abgesehen von einer geringfügigen Änderung, die in Ziff. 2 hinsichtlich des Täterkreises vorgenommen worden ist. **Anm. 1.**

A. **Ziffer 1.** **Anm. 2.**

Zwei Tatbestände sind zu unterscheiden:

1. das falsche Berichten über das Prüfungsergebnis;
2. das Verschweigen erheblicher Umstände im Bericht.

I. 1) In beiden Fällen können **Täter** sein nur **„Prüfer“** oder **„Gehilfen eines Prüfers“**. „Prüfer“ aber sind entweder gemäß § 135 sachverständige „Abschlußprüfer“ oder gemäß § 118 die von der Hauptversammlung zur Prüfung von Vorgängen bei der Gründung oder der Geschäftsführung bestellten Prüfer oder gemäß § 118 Abs. 2, 3 die vom Gericht zu gleichem Zweck bestellten Prüfer. Prüfer sind endlich die „Gründungsprüfer“ gemäß § 25. Bezüglich der „Gehilfen“ ist auf § 141 zu verweisen. Wird die Prüfung durch eine Prüfungsgesellchsaft (§ 141 Abs. 1) besorgt, so sind deren gesetzliche Vertreter als Prüfer im Sinne des § 302 anzusehen; Schlegelberger § 302 Note 2; v. Godin-Wilhelmi § 302 Note II 2. Auch solche Prüfer, die bei einer Kommanditgesellschaft auf Aktien die vorgeschriebenen Prüfungen vornehmen, gehören in den nach § 302 in Frage kommenden Täterkreis. § 304 kann gegen diese Auffassung nicht herangezogen werden. Vgl. die Anm. zu § 304.

2) Wegen der Beschränkung des Täterkreises enthalten beide Tatbestände der Ziff. 1 **Sonderdelikte** mit den in Anm. 7 zu § 294 bezeichneten Wirkungen. **Anm. 3.**

3) Die §§ 25 Abs. 4, 5, 119, 137 stellen bestimmte Anforderungen an Sachkunde und Geeignetheit der Prüfer und schließen kraft zwingenden Rechtes bestimmte Personen von der Mitwirkung bei der Prüfung aus. Wird eine bestimmte Person entgegen diesen Bestimmungen zum Prüfer gewählt oder bestellt, so würde sie sich durch Berufung auf den Fehlgriff nicht von ihrer strafrechtlichen Haftung befreien können, wenn sie einen der Tatbestände des § 302 erfüllt. Zustimmend v. Godin-Wilhelmi § 302 Note II 2. **Anm. 4.**

II. **Das strafbare Verhalten.** **Anm. 5.**

1) Das falsche Berichten über das Ergebnis der Prüfung.

a) Die Abschlußprüfer haben gemäß § 139 Abs. 1 über das Ergebnis der Prüfung schriftlich zu berichten. Für den Inhalt der Prüfung und des Berichts sind die §§ 135 Abs. 2, 139 Abs. 1 zu beachten. Adressat des Berichtes ist nach § 139 Abs. 2 sowohl der Vorstand (anders HGB. § 262e Abs. 2) als auch der Aufsichtsrat.

Für die nach § 118 bestellten Sonderprüfer ergibt sich der Inhalt des von ihnen zu erstattenden Berichts aus §§ 118, 121 Abs. 3; Adressat des Berichts ist hier nach § 121 Abs. 3 Satz 3 der Vorstand und das Handelsregistergericht des Sitzes der Gesellschaft.

Bei der Gründungsprüfung bestimmt sich der Inhalt des Prüfungsberichts nach § 26. Als Adressaten sind nach § 26 Abs. 3 anzusehen das Gericht, der Vorstand und die amtliche Vertretung des Handelsstandes.

§ 302
Anm. 6. b) **Berichtet** ist, sobald der Prüfer den Bericht dem Adressaten (Anm. 5) eingereicht hat. In diesem Augenblick ist das Delikt des § 302 Ziff. 1 (erste Alternative) **vollendet.** Kenntnisnahme seitens des Adressaten ist nicht erforderlich, Kenntnismöglichkeit genügt. Vgl. oben Anm. 7 zu § 295. Ebenso Schlegelberger § 302 Note 4. Solange die Kenntnismöglichkeit nicht besteht, liegt höchstens ein Versuch vor, der aber nicht strafbar ist (StGB. § 43 Abs. 2).

Anm. 7. c) Der Tatbestand erfordert einen **„falschen Bericht über das Ergebnis der Prüfung".** Nicht strafbar ist danach zunächst die Nichterstattung des Berichts; vielmehr muß ein (in bestimmtem Sinne falscher) Bericht erstattet worden sein. Die Strafbarkeit wird aber auch nicht dadurch begründet, daß der Inhalt des Berichts objektiv von den tatsächlich bei der Gesellschaft bestehenden Verhältnissen oder von den tatsächlich bei der Gründung erfolgten Vorkommnissen abweicht. Vielmehr ist Voraussetzung für die Strafbarkeit eine **Diskrepanz zwischen dem Ergebnis der Prüfung und dem Inhalt des Berichts.** Das „Ergebnis der Prüfung" ist aber nichts anderes als der Inbegriff der von dem Prüfer tatsächlich gemachten Feststellungen. Sein Wissen um die Verhältnisse bei der Gesellschaft, die Gründungshergänge usw. ist also maßgebend. „Falsch" ist mithin der Bericht, wenn er diesem Wissen nicht entspricht. Berichtet also der Prüfer etwas anderes als das, was seinen Feststellungen im Ergebnis entspricht, so ist der Bericht „falsch", selbst wenn er sich mit den wahren Verhältnissen decken sollte. Die Dinge liegen hier also anders als in § 295 Ziff. 1. Vgl. Anm. 6 zu § 295. Übereinstimmend Schlegelberger § 302 Note 2; v. Godin-Wilhelmi § 302 Note II 3; Baumbach § 302 Note 2.

Anm. 8. d) Der Prüfer muß **vorsätzlich** falsch (im Sinne des zu Anm. 7 Gesagten) berichten. Die Abweichung des Berichts von seinen eigenen Feststellungen muß er gewußt und gewollt haben. Bedingter Vorsatz genügt, dürfte aber bei dieser Alternative der Ziff. 1 praktisch kaum in Frage kommen. Sich mit Fahrlässigkeit begnügen, geht angesichts des Vergehenscharakters nicht an. Schlegelberger § 302 Note 5; v. Godin-Wilhelmi § 302 Note II 3.

Anm. 9. 2) **Das Verschweigen erheblicher Umstände im Bericht.**

a) **Verschweigen** ist gleichbedeutend mit Nichterwähnen. Es genügt bloßes Unterlassen einer Mitteilung entsprechenden Inhalts; nicht erforderlich ist irgendein auf Verdeckung, Verschleierung gerichtetes Tun. Vgl. § 296 Ziff. 1, StGB. §§ 170, 263. Mit einem „Nichterwähnen" im Bericht ist der Tatbestand erfüllt. Mündliche oder außerhalb des Berichts schriftlich erfolgende Mitteilung wird den Täter also nicht entlasten, sofern nicht eine schriftliche Mitteilung als Ergänzung und somit als Bestandteil des Berichts anzusehen ist. **Vollendet** ist auch dieses Delikt, sobald der lückenhafte Bericht dem Adressaten „zugegangen" ist (vgl. oben II 1 b). Eine hiernach erfolgende Ergänzung befreit nicht mehr von Strafe; vorher liegt strafloses Verhalten vor (StGB. § 43 Abs. 2).

Anm. 10. b) **„Erhebliche Umstände"** müssen verschwiegen werden. Das ist ein normatives Tatbestandsmerkmal, bei dessen Ausfüllung richterliches Ermessen im Einzelfall maßgeblich ist. Anhaltspunkte für die Beantwortung der Frage, welche Umstände erheblich sind, ergeben sich für den Abschlußprüfer aus den §§ 135 Abs. 2, 125, 126, 128, 129ff. Da der Bericht der Abschlußprüfer nur dem Vorstand und dem Aufsichtsrat vorzulegen ist (§ 139 Abs. 2), also den für alle Angelegenheiten der Gesellschaft voll verantwortlichen Verwaltungsträgern, über diesen Kreis aber nicht hinausgelangt, so ist ein Verschweigen auch hinsichtlich solcher Umstände nicht statthaft, über die sich gemäß § 128 Abs. 3 der (an die Hauptversammlung gelangende! § 127 Abs. 2) Geschäftsbericht nicht zu äußern hat. Schlegelberger § 302 Note 3 dürfte abweichen. — Was den Bericht der Sonderprüfer betrifft, so ergibt sich die Antwort auf die Frage, was hier als „erheblicher Umstand" anzusehen ist, aus der im Einzelfall gestellten besonderen Prüfungsaufgabe. Hier ist nun aber die Vorschrift des § 121 Abs. 3 Satz 2 zu beachten; danach dürfen bestimmte Umstände in den Bericht (der gemäß § 121 Abs. 3 Satz 4 auf die Tagesordnung der Hauptversammlung zu setzen ist!) nicht aufgenommen werden ohne Rücksicht auf ihre Erheblichkeit. Sofern es sich um solche Umstände handelt, bedeutet das Verschweigen selbstverständlich kein rechtswidriges Verhalten. Hier übereinstimmend Schlegelberger a. a. O. — Für die Gründungsprüfer ist § 26 zu beachten. § 302

c) Auch hier ist als Schuldform Vorsatz zu verlangen. Dieser Vorsatz muß sich auch auf die Erheblichkeit der nichterwähnten Umstände beziehen. Kennenmüssen reicht nicht aus. Dolus eventualis aber genügt. Ein Prüfer, der sich über tatsächlich vorhandene erhebliche Umstände nicht unterrichtet, obwohl er mit ihrem Gegebensein rechnet, erfüllt mithin vorsätzlich den Tatbestand, wenn er innerlich die Nichterwähnung im Bericht für den Fall des Vorhandenseins billigt. Irrige Annahme, nach § 121 Abs. 3 Satz 2 (vgl. oben Anm. 10) zur Verschweigung berechtigt zu sein, schließt den Vorsatz aus. **Anm. 11.**

III. **Verhältnis der beiden in Ziffer 1 enthaltenen Deliktsmöglichkeiten zueinander.** **Anm. 12.**

Die beiden Verhaltensweisen unterscheiden sich in wesentlichen Beziehungen: beim „falschen Bericht" macht die Diskrepanz mit dem wirklichen Wissen des Täters erschöpfend den Tatbestand aus (oben II 1 c); beim „Verschweigen erheblicher Umstände" entsteht aber immer zugleich ein von der Wirklichkeit abweichender Bericht (oben II 2 a, b). Es handelt sich daher in Ziff. 1 um den Fall eines „kumulativen Mischgesetzes", d. h. Ziff. 1 enthält unter einer und derselben Strafdrohung zwei voneinander verschiedene selbständige Tatbestände. Vgl. dazu oben Anm. 2 zu § 298 und Anm. 8 zu § 299. Die Folge davon ist:

1) Prozeßrechtlich gesehen, sind die beiden Tatbestände „andere" Gesetze im Verhältnis zueinander. Also: StPO. §§ 265, 266 sind zu beachten. Eine einfache „alternative Feststellung" ist im Urteil nicht zulässig; es handelt sich um „mehrere Strafgesetze" im Sinne des § 2b StGB. (dazu § 267b StPO. und Kohlrausch StPO., 24. Aufl., § 267b Note 2).

2) Es besteht Möglichkeit der Idealkonkurrenz zwischen beiden Tatbestandsformen, wenn etwa in einem schriftlichen Bericht „falsch berichtet" und außerdem ein erheblicher Umstand verschwiegen wird; ja auch das einzelne „Verschweigen" kann (braucht aber nicht) zugleich ein falsches Berichten sein, so daß auch in diesem Fall Idealkonkurrenz zwischen beiden Tatbestandsformen anzunehmen sein würde.

B. **Ziffer 2.** **Anm. 13.**

Auch hier sind zwei Tatbestände zu unterscheiden:

1. die Verletzung der Verschwiegenheitspflicht;
2. die unbefugte Verwertung von Geschäfts- oder Betriebsgeheimnissen.

I. Der Kreis der **Täter** ist nach § 302 Ziff. 2 genau der gleiche wie nach Ziff. 1. In dieser Beziehung ist der Rechtszustand im Vergleich mit HGB. § 318 a Ziff. 2 geändert (vgl. dazu Eb. Schmidt bei Staub[14] Anm. 12 zu § 318 a). Demgemäß gilt das zu A I Gesagte hier entsprechend.

II. **Das strafbare Verhalten.** **Anm. 14.**

1) **Die Verletzung der Verschwiegenheitspflicht.**

a) Verschwiegenheit wird den Abschlußprüfern in § 141 Abs. 1, den Sonderprüfern in § 120, den Gründungsprüfern in § 42 auferlegt. Keine dieser Bestimmungen bestimmt im einzelnen die Grenzen der Verschwiegenheitspflicht. Es liegt nahe und dürfte selbstverständlich sein, im Hinblick auf die §§ 42 Abs. 1 Satz 2, 141 Abs. 1 Satz 2, 120 die Verschwiegenheitspflicht zunächst einmal auf die Geschäfts- und Betriebsgeheimnisse zu erstrecken, die damit auch gegen Verrat (nicht nur, wie es zunächst den Anschein hat, gegen unbefugte Verwertung — unten zu 2) geschützt werden, eine Folge, die um so wichtiger ist, als die Prüfer nach § 17 Abs. 1 des UnlWGes. mangels der dort vorausgesetzten Tätereigenschaft nicht haftbar gemacht werden können. Aber die Schweigepflicht geht weiter. Sie bezieht sich nicht nur auf die für die Prüfung als solche, sondern auf alle für die Gesellschaft wesentlichen Angelegenheiten überhaupt. Gegebenheiten, an deren Verschweigung keinerlei Interesse der Gesellschaft bestehen kann, fallen nicht unter die Verschwiegenheitspflicht.

b) Die Verschwiegenheitspflicht ist verletzt, wenn der Prüfer eine Mitteilung an eine Person gelangen läßt, der gegenüber er zu einer Mitteilung nicht befugt ist. In diesem **Anm. 15.**

§ 302 Zusammenhange dürfte es von Bedeutung sein, daß die §§ 121 Abs. 1 und 2, 138 Abs. 1 und 2 dem Vorstande, § 27 Abs. 2 den Gründern die Pflicht zur Unterstützung der Prüfer bei der Prüfungstätigkeit auferlegen. Diese Bestimmungen zeigen deutlich, daß nicht jeder beliebige Angestellte der Gesellschaft, falls er nicht einen entsprechenden Auftrag vom Vorstand erhält, für den Prüfer Auskunftsperson ist. Demgemäß aber dürfte der Schluß berechtigt sein, daß auch der Prüfer mit Mitteilungen über die seiner Verschwiegenheitspflicht unterfallenden Angelegenheiten sich nur an den Vorstand oder an die von diesem namhaft gemachten Personen wenden darf. Mitteilungen an andere, mag es sich um Angestellte der Gesellschaft oder um Außenstehende handeln, stellen eine Verletzung der Verschwiegenheitspflicht dar. Vgl. hierzu insbesondere § 141 Abs. 3. Den Adressaten des Prüfungsberichts gegenüber (vgl. oben A II 1 a) dürfte keinerlei Verschwiegenheitspflicht bestehen.

In welcher Form, unter welchen Umständen die (unbefugte) Mitteilung erfolgt, ist belanglos.

Anm. 16. c) Die **Rechtswidrigkeit** kann hier möglicherweise dadurch ausgeschlossen sein, daß der Bruch der Verschwiegenheitspflicht erfolgt ist, um einer höheren Pflicht zur Offenbarung zu genügen. Was die Zeugnispflicht betrifft, so sorgt für den Zivilprozeß § 383 Ziff. 5 ZPO. dafür, daß eine Kollision der Pflichten kaum entstehen wird. Da die Zeugnispflicht entfällt, hat es bei der Schweigepflicht im allgemeinen sein Bewenden. Immerhin sind Lagen denkbar, in denen durch das Schweigen ein solcher Schaden angerichtet wird, daß trotz des Zeugnisverweigerungsrechtes eine Befolgung der Schweigepflicht seinen Sinn verlieren würde. In diesen Situationen entfällt nach den allgemeinen Grundsätzen der Rechtswidrigkeit, für die § 13 der Reichsärzteordnung vom 13. Dezember 1935 nunmehr einen gerade für Geheimnisoffenbarungen sehr bemerkenswerten Anwendungsfall enthält, die Pflicht zu schweigen. Vgl. RGSt. 61, 242; v. Liszt-Schmidt, Lehrb. 26. Aufl. I, §§ 31, 32; Eb. Schmidt in ZStrafrW. 49, 350 ff. Eine dem § 383 Ziff. 5 ZPO. entschrechende Norm gibt es im Strafprozeßrecht nicht. Hier wird die Zeugnispflicht der Schweigepflicht stets vorzugehen haben.

Anm. 17. d) Die **Schuldform** ist **Vorsatz**. Bedingter Vorsatz genügt. Ein Irrtum über die Grenzen der Verschwiegenheitspflicht würde den Vorsatz ausschließen.

Anm. 18. 2) **Das unbefugte Verwerten der bei Wahrnehmung der Obliegenheiten in Erfahrung gebrachten Geschäfts- und Betriebsgeheimnisse.**

a) Ein Unterschied zwischen **Geschäftsgeheimnissen** einerseits, **Betriebsgeheimnissen** andererseits ist nicht zu machen. Vgl. RGSt. 29, 426 (430); 31, 90; 48, 12. Über die nähere Begriffsbestimmung herrscht in mancher Hinsicht Streit; immerhin läßt sich in wesentlicher Übereinstimmung mit den schon erwähnten Entscheidungen des RG. (vgl. dazu auch noch RGSt. 33, 62) sagen, daß ein „Geschäfts- und Betriebsgeheimnis" bezüglich solcher geheimen Tatsachen gegeben ist, auf deren Geheimhaltung sich der Wille der maßgebenden Geschäfts- oder Betriebsfaktoren richtet und deren Geheimhaltung überdies im Hinblick auf die Eigenart des Betriebs im wettbewerblichen Interesse liegt. (Vgl. über die Entwicklung dieser Begriffsbestimmung eingehend Eb. Schmidt in Vhdl. des 36. DJT. 1930, Bd. I S. 140.) Auf den zuletzt betonten Interessengesichtspunkt kommt es neben der Tatsache des Geheimseins maßgebend an. So insbesondere auch RG. Offenkundigkeit der Tatsachen steht dem Geheimnisbegriff entgegen. Sie ist nicht schon mit der bloßen Möglichkeit einer Kenntnisnahme durch eine unbegrenzte Vielheit von Menschen, sondern erst dann gegeben, aber auch immer dann anzunehmen, „wenn vom Standpunkte praktischer Erfahrung aus" (Wertung des Richters!) „nicht mehr damit gerechnet werden kann, daß das Wissen um die Tatsachen noch auf einen geschlossenen Kreis gleichmäßig am Geheimbleiben Interessierter beschränkt sei"; so Eb. Schmidt a. a. O. (dort weitere Literatur). Vgl. RGSt. 40, 406; ferner 31, 91; RGZ. 65, 335.

Anm. 19. b) Der Täter muß die Geheimnisse **„bei Wahrnehmung seiner Obliegenheiten erfahren"** haben; also nicht nur „vermöge" oder „infolge" jener Wahrnehmung, sondern, was weiter greift, „aus Anlaß" oder „bei Gelegenheit". Was für die Auslegung des § 300 StGB.

und des (in seiner Fassung etwas weiteren) § 13 der Reichsärzteordnung vom 13. Dez. 1935 gilt, hat daher hier erst recht Bedeutung: daß nämlich der Täter von anderen, mit den Angelegenheiten der Gesellschaft vertrauten Personen auf das Geheimnis nicht aufmerksam gemacht zu sein braucht, daß vielmehr der Geheimnisschutz sich auch auf solche Geheimnisse bezieht, die der Täter von sich aus vielleicht ganz zufällig in Erfahrung gebracht hat. Aber ein Zusammenhang mit der Wahrnehmung der Obliegenheiten muß bestehen, andernfalls die Bestimmung keine Anwendung findet. § 302

c) **Unbefugte Verwertung:** Jede Benutzung, gleichgültig zu welchem Zweck, ist unter „Verwertung" zu verstehen. Enger RGSt. 39, 85; 40, 406 (408); 63, 205/6; RG. in MuW. 10, 96, indem das RG. in der Regel „praktische Verwendung zu gewerblichen Zwecken" verlangt. Dagegen aber mit Recht CallmannUnlWG. § 17 Note 24. Vgl. übrigens auch RG. 51, 184. Die Erfüllung des Tatbestandes erfordert nicht, daß der Täter seinen Verwertungszweck erreicht; jede Handlung, die das Geheimnis als Mittel zu irgendeinem Zweck verwendet, mag sie zum Ziele führen oder nicht, dem Täter Nutzen oder Schaden bringen, dem Wesen des konkreten Geheimnisses entsprechen oder nicht, stellt sich als Verwerten dar. Schwierig ist die Abgrenzung der tatbestandsmäßigen Vollendung gegenüber dem auch hier straflos bleibenden Versuch. Über die in dieser Hinsicht obwaltende Tendenz der Rechtsprechung des Reichsgerichts vgl. Eb. Schmidt a. a. O. S. 169/70. **Anm. 20.**

d) Die Schuldform ist **Vorsatz.** **Anm. 21.**

III. Daß **Ziff. 2** ein **„kumulatives Mischgesetz"** im Sinne der oben zu A III gemachten Ausführungen darstellt, unterliegt keinem Zweifel. **Anm. 22.**

C. **Ziffer 3:** **Anm. 23.**

I. **Täter** dieses Sonderdeliktstatbestandes (vgl. dazu oben A I 2) kann nur sein der Aufsichtsratsvorsitzer einer Prüfungsgesellschaft oder sein Stellvertreter. Vgl. dazu § 141 Abs. 3, wo sich die Bestimmung der Pflichten findet, deren Verletzung Ziffer 3 unter Strafe stellt.

II. Die **strafbare Handlung** besteht in einem dem § 141 Abs. 3 Satz 2 widersprechenden „Verwerten" der aus dem Prüfungsbericht geschöpften Kenntnisse. Über „Verwertung". vgl. oben B II 2 c. **Anm. 24.**

III. Die Schuldform ist **Vorsatz.** **Anm. 25.**

Zu A bis C: Strafen: Gefängnis (StGB. § 16 Abs. 1) oder Geldstrafe von 3 bis 10000 RM. Anwendbar sind ferner: StGB. §§ 27a (Gewinnsucht), 27c ff. (Bemessung, Beitreibung, Ersatz); für die Anwendung des § 27b ist kein Raum. **Anm. 26.**

§ 303

§ 303

Ordnungsstrafen

(1) Die Vorstandsmitglieder oder die Abwickler sind außer den im § 14 des Handelsgesetzbuchs bezeichneten Fällen zur Befolgung der §§ 81, 89 Abs. 1, § 95 Abs. 2 und 3, § 104 Abs. 2, § 121 Abs. 1 bis 3, § 125 Abs. 1, 4 bis 6, §§ 126, 127, 136 Abs. 1 und 4, §§ 138, 199 Abs. 5, § 211 Abs. 1 und 2, § 214 Abs. 2 vom Gericht durch Ordnungsstrafen anzuhalten.

(2) Die Anmeldungen zum Handelsregister nach den §§ 28, 38, 45, 148 Abs. 1, §§ 151, 155, 162, 176, 192 Abs. 4, §§ 215, 239 Abs. 1, § 247 Abs. 5, §§ 258, 261, 264, 272, 284 werden durch Ordnungsstrafen nicht erzwungen. Für die Einreichung der der Zahl der Zweigniederlassungen entsprechenden Stückzahl der Anmeldungen verbleibt es bei § 14 des Handelsgesetzbuchs.

I. § 303 regelt in Verbindung mit § 14 HGB. erschöpfend, inwieweit dem Registergericht ein Ordnungsstrafrecht im Bereiche des Aktienwesens zusteht. **Anm. 1.**

1) § 14 HGB. bestimmt: „Wer verpflichtet ist, eine Anmeldung, eine Zeichnung der Unterschrift oder eine Einreichung von Schriftstücken zum Handelsregister vorzunehmen, ist hierzu von dem Registergerichte durch Ordnungsstrafen anzuhalten." Diese Vorschrift

§ 303 bezieht sich auch auf die zahlreichen Anmeldungs-, Zeichnungs- und Einreichungsvorschriften im Aktienrecht.

Anm. 2. 2) § 303 Abs. 1 fügt eine Reihe von anderen Verpflichtungen der Verwaltungsträger hinzu, die dem Ordnungsstrafrecht unterliegen sollen. Es handelt sich hierbei nicht um Pflichten, die sich auf Eintragungen ins Handelsregister beziehen, sondern um Pflichten des Vorstandes und der Abwickler bezüglich der gesetzmäßigen Verwaltungsführung.

Anm. 3. 3) Entzogen aber sind nach Abs. 2 dem Ordnungsstrafzwang bestimmte Anmeldungspflichten in bezug auf Vorgänge, bei denen der Rechtserfolg von der Eintragung abhängig ist. Das öffentliche Recht ist an dem Eintritt dieser Rechtserfolge nicht interessiert.

Anm. 4. II. **Zuständig** ist für die Verhängung der Ordnungsstrafen das Gericht des Sitzes der Gesellschaft. Das Verfahren richtet sich nach den §§ 132ff. FGG.

Anm. 5. III. Nur Vorstandsmitglieder und Abwickler, nicht auch Aufsichtsratsmitglieder, wie auch die betreffende Gesellschaft selbst dürfen mit Ordnungsstrafen belegt werden. Sind nur einzelne der Verpflichteten widerspenstig, so findet gegen sie das Ordnungsstrafverfahren statt (LG. Hamburg bei Holdheim 13, 198).

Anm. 6. IV. Die Ordnungsstrafe ist Mittel zur Beugung des Willens, nicht Ungehorsamsstrafe. Sie ist daher nicht festzusetzen, wenn die Handlung pflichtgemäß erfolgt ist, selbst wenn dies erst nach Ablauf der gesetzten Frist geschieht (RG. bei Bauer 18, 24[2]).

Anm. 7. V. Für die Höhe der Ordnungsstrafen gilt Art. II der Vo. über Vermögensstrafen und Bußen vom 6. Febr. 1924. Also: 1 bis 1000 RM. Ersatz durch Freiheitsstrafe ist nicht zulässig.

§ 304

§ 304

Strafbarkeit persönlich haftender Gesellschafter einer Kommanditgesellschaft auf Aktien

Die Vorschriften dieses Buchs über Vorstandsmitglieder gelten sinngemäß für die persönlich haftenden Gesellschafter der Kommanditgesellschaft auf Aktien.

§ 304 erstreckt, wie er sich wenig klar ausdrückt, die Vorschriften des Vierten Buchs, d. h. die §§ 288 bis 303 über Vorstandsmitglieder auf die persönlich haftenden Gesellschafter der Kommanditgesellschaften auf Aktien. Dem ist oben bei der Erläuterung der §§ 294 (Anm. 5), 295 (Anm. 3), 296 (Anm. 2), 297 (Anm. 2) Rechnung getragen worden. Zu eng v. Godin-Wilhelmi in der Note zu § 304, der die Bestimmung des § 304 im Widerspruch zu dessen klarem Wortlaut nur auf das Ordnungsstrafrecht des § 303 beziehen will. Eine andere Frage ist, ob aus dem Wortlaut des § 304 zu schließen ist, daß nur solche Vorschriften der §§ 288—303 auf Kommanditgesellschaften auf Aktien zu übertragen sind, die ein Verhalten von Vorstandsmitgliedern zum Gegenstand haben. In der Tat legt der Wortlaut diesen Gedanken nahe. Mit Recht aber lehnt Schlegelberger § 304 eine solche Folgerung ab. § 304 bedeutet sinngemäß, daß alle Vorschriften des 4. Buches, insbesondere alle Strafvorschriften auch auf die Kommanditgesellschaften auf Aktien Bezug haben, und zwar mit der Maßgabe, daß bei den letzteren die persönlich haftenden Gesellschafter an die Stelle der Vorstandsmitglieder treten. Über praktische Folgen dieser Auffassung vgl. oben § 294 Anm. 5 unter g, § 295 Anm. 3, § 299 Anm. 1, § 302 Anm. 2. Gerade die §§ 299 und 302 zeigen, wie unsinnig es wäre, aus § 304 ihre Nichtanwendbarkeit auf die Verhältnisse der Kommanditgesellschaften auf Aktien zu folgern. Der Sinn dieser Bestimmungen und zwingendes praktisches Bedürfnis sprechen für die Auslegung des § 304, wie sie hier in Übereinstimmung mit Schlegelberger a. a. O. erfolgt ist.

Berlin, den 30. Januar 1937.

Der Führer und Reichskanzler
Adolf Hitler

Der Reichsminister der Justiz
Dr. Gürtner

Aktiengesetz (Kommentar)

Bearbeitet von Reichsgerichtsrat a. D. **Wilhelm Gadow**, Leipzig, Reichsgerichtsrat a. D. **E. Heinichen**, Leipzig, Professor Dr. **Eberh. Schmidt**, Leipzig, Rechtsanwalt und Notar Dr. **W. Schmidt**, Berlin, Reichsgerichtsrat a. D. Dr. **O. Weipert**, Leipzig.

XII, 1354 Seiten. Groß-Oktav. 1939. Gebunden RM. 60.—

<u>Aus Urteilen:</u>

„... Dem Werk von Gadow-Heinichen gereicht zum Vorteil, daß bereits eine umfangreiche mehr oder minder wegweisende Literatur besteht. Das aber bedeutet für die Herren Verfasser des Gadowschen Kommentars nur den Anlaß zu einer noch gründlicheren Erfassung und Behandlung des gesamten Gesetzesstoffes. Jeder Aktienrechtler wird seinen Auslegern die gewissenhafte, auch die Praxis beherrschende Sorgfalt, den tiefdringenden, umfassenden Verstand und die große Gelehrsamkeit nachrühmen und sich glücklich schätzen, wenn er sich im Besitz eines solchen Werkes befindet."

Zeitschrift für Aktiengesellschaften 3/4, 1939

„Dieses Werk ist der umfangreichste bisher erschienene Kommentar zum AktG.; er enthält außer dem Ges. selbst und dem EG. die bisher ergangenen DurchfVorschriften und EinfVOen. Der Kommentar gibt sehr ausführliche Erläuterungen ... wer aber eine aktienrechtliche Frage gründlich studieren will, wird in diesem Buch immer Hilfe und Aufklärung finden ..."

Zeitschrift der Akademie für Deutsches Recht 2/1940

„Der vorliegende Großkommentar — ein Ersatz für den bekannten „Staub" — stellt eine Gemeinschaftsarbeit von fünf Juristen von Rang dar und ist in der Sorgfalt seiner Bearbeitung, seiner ausgewogenen Einheitlichkeit und seinem Gedankenreichtum eine hervorragende Leistung ... So wird der Kommentar, der äußerlich seitens des Verlages eine seiner Bedeutung würdige Ausstattung erfahren hat, nicht nur für die Praxis ein wertvoller Helfer, sondern sicherlich auch von erheblichem Einfluß auf die Rechtsprechung sein."

Deutscher Reichsanzeiger v. 21. 12. 1939

„... Der Standardkommentar aber, der erheblich über den Schlegelberger-Quassowski und die übrigen Autoren hinausgehen mußte, bedurfte längerer Zeit ... Wissenschaftlich und praktisch zugleich, umfassend und doch knapp und außerdem freimütig — so bietet es sich dar ..."

Frankfurter Zeitung v. 3. 2. 1940

Verlag Walter de Gruyter & Co · Berlin W 35

FSC
www.fsc.org
MIX
Papier | Fördert
gute Waldnutzung
FSC® C083411

Kolibri 360 GmbH
Ferdinand-Jühlke-Straße 7
99095 Erfurt, Deutschland
produktsicherheit@kolibri360.de